NZZ Libro

STEFAN FLÜCKIGER / MARTINA SCHWAB

GLOBALISIERUNG: DIE ZWEITE WELLE

Was die Schweiz erwartet

MIT ZWEI KOMMENTAREN VON KONRAD HUMMLER & RUDOLF H. STRAHM

VERLAG NEUE ZÜRCHER ZEITUNG

Für Till Noah und seine Generation

INHALT

Leseanleitung: Dieses Buch kann auf verschiedene Weise gelesen werden. Es eignet sich als Grafiksammlung zum Durchblättern für Neugierige, als Nachschlagewerk zu einzelnen Themen für Wissbegierige oder als zusammenhängende Geschichte für Aficionados, die an der Entwicklung der neueren Globalisierung interessiert sind.

Die Autoren danken Prinz Michael von Liechtenstein vom Industrie- und Finanzkontor in Vaduz und Wegelin & Co. Privatbankiers in St. Gallen für die finanzielle Unterstützung, ohne die dieses Buch nicht entstanden wäre.

VORWORT

Die Schweiz ist kein Land der umfassenden und hastigen Veränderungen. Sie hat sich in den letzten Jahrzehnten zwar gewandelt, aber die schweizerische Politik ist nach wie vor geprägt von einer stabilen, behäbigen Polarität, einem liberalen, auf Ausgleich bedachten Staat und einer helvetischen, freundlich-skeptischen Haltung gegenüber dem Rest der Welt.

Es ist eine unserer Stärken, dass wir uns nicht übermässig beeindrucken lassen, wenn sich die Ereignisse in der Welt überstürzen. Gleichzeitig birgt diese Haltung aber auch die Gefahr, dass wir nicht immer rechtzeitig erkennen, welches Ausmass eine neue Entwicklung annimmt und was sie für unser Land und unsere Zukunft bedeutet.

Aus der Perspektive globaler Wirtschaftspolitik hat die Welt vor der Jahrtausendwende mit jener von heute nicht mehr viel gemeinsam. Die Finanz- und Wirtschaftskrise und ihre Nachwehen haben uns das mit einem Schlag vor Augen geführt.

Die folgenden Seiten sind ein Versuch, diese gewaltigen, aber nicht immer sichtbaren Umwälzungen, die Grössenordnungen und möglichen Folgen in verständlicher Form und einfachen Grafiken aufzuzeigen. Wir haben versucht, einige grosse Linien in den täglichen Datendschungel zu zeichnen und den Platz der Schweiz in dieser neuen Welt deutlicher ins Bewusstsein zu rücken. Auch vertreten wir hier unsere persönliche Meinung – die Darlegungen sind nicht als Äusserungen der Schweizer Eidgenossenschaft oder der schweizerischen Bundesverwaltung zu betrachten

Stefan Flückiger, Martina Schwab

EINFÜHRUNG

Wie ein ökonomischer Sturm fegte die Finanz- und Wirtschaftskrise über den Globus. Die tiefste Rezession der Nachkriegszeit brachte Banken und Unternehmen zu Fall, vernichtete Ersparnisse, Immobilienwerte und Arbeitsplätze, und sie brachte schliesslich Regierungen und ganze Volkswirtschaften ins Wanken. Vor allem aber zerstörten die Krise und die nachfolgende Rezession das Vertrauen in ein immer feiner vernetztes globales Wirtschaftssystem. Sie verstärkten das Gefühl der Machtlosigkeit und die Skepsis gegenüber einer als anonym und ungezähmt empfundenen Macht von Märkten, die sich konkret auf unser tägliches Leben und unsere Zukunft auswirkt.

Auf den folgenden Seiten geht es nicht in erster Linie um diese Krise. Sie interessiert lediglich insofern, als sie die massgebenden Erscheinungen der heutigen Globalisierung sichtbar gemacht hat: die Machtverschiebung zugunsten der Schwellenländer, die Alterung unserer Gesellschaften, der entstehende globale Arbeitsmarkt, die ausufernde Verschuldung der OECD-Länder und schliesslich der wachsende Wettbewerb um Energieressourcen und seine ökologischen Folgen. Sicher spielen andere globale Herausforderungen wie

ZU DEN VERWENDETEN LÄNDERKATEGORIEN

Um Zusammenhänge und Grössenordnungen sichtbar und verständlich zu gestalten, wird in allen Kapiteln - ausser dem Kapitel zur Schweiz - eine globale, vergleichende Perspektive eingenommen. So werden in der Regel drei verschiedene Länderkategorien unterschieden: OECD-Länder, Schwellenländer und Entwicklungsländer. Während die 34 OECD-Mitglieder klar definiert sind, ist das bei den anderen beiden Gruppen nicht der Fall. Zu den Schwellenländern zählen für diese Betrachtungen vor allem die BRIC-Länder (Brasilien, Russland, Indien, China), daneben aber fallweise auch weitere aufstrebende Volkswirtschaften wie Ägypten, Indonesien, der Iran, Mexiko, die Philippinen, Südafrika oder Vietnam. Der Begriff Entwicklungsländer wird hier lose gebraucht und umschreibt generell Staaten mit einem Pro-Kopf-Einkommen von weniger als 975 USD pro Jahr, gemäss der klassischen Weltbank-Definition.

ZU DEN VERWENDETEN DATEN

Sämtliche verwendeten Daten sind öffentlich zugänglich. Sie stammen hauptsächlich aus den Statistiken der OECD, des IWF, der Weltbank, der Internationalen Energieagentur IEA und weiteren Quellen, darunter vor allem dem Bundesamt für Statistik, dem McKinsey Global Institute, Goldman Sachs, der Bank für Internationalen Zahlungsausgleich BIZ und verschiedenen Forschungspapieren. Die Daten wurden von den Autoren aufbereitet und grafisch neu gestaltet. Die Ländervergleiche in den Grafiken berücksichtigen jeweils eine Auswahl von massgebenden Ländern.

Ernährungssicherheit oder Wasserressourcen für unsere Zukunft ebenfalls eine wichtige Rolle, aber wir haben uns bewusst auf die wirtschafts- und sozialpolitischen Bereiche konzentriert.

Diese fünf Themen sind die Hauptmerkmale einer zweiten Welle der Globalisierung, wie wir sie im nächsten Kapitel beschreiben. Sie ist geprägt von einem höheren Grad an Komplexität, einer grösseren Vernetzung und einer stärkeren gegenseitigen Abhängigkeit. Sie ist dadurch auch anfälliger für «Unfälle», wie die gegenwärtige Krise eindrücklich bestätigt. Die Globalisierung hat sich letztlich durch ihre eigene Dynamik, unter herzlich wenig Zutun der Politik, durch ein Zusammenspiel von Technologie, Ökonomie und Demografie in den letzten beiden Jahrzehnten fundamental verändert.

Aus gebührendem Abstand betrachtet, ist diese Entwicklung letztlich ein weiterer Schritt einer stetigen globalen Integration, und damit ein weiterer Abschied von den Möglichkeiten insbesondere kleinerer Länder, ihre wirtschaftlichen, sozialen und ökologischen Probleme in eigener Regie zu lösen. Damit stellt sich das kardinale Dilemma der Politik: einerseits das greifbare «Heimweh» der eigenen Bevölkerung nach Ordnung und Überschaubarkeit zu befriedigen, und andrerseits den eigenen Platz in der wilden Globalisierung zu sichern, das heisst eine nachhaltige, aber wachstumsfreundliche Regulierung und Koordination jenseits nationaler Grenzen mitzugestalten.

Die Frage, ob und wie, wann und wo und mit welchen Partnern das gelingen kann, ist offen, auch für die Schweiz. Globalisierung ist befrachtet mit Ungleichheiten, Unwägbarkeiten und unterschiedlichen Ausgangslagen, je nach Land, Gesellschaft und Regierung. Globalisierung bleibt jedoch, das ist die Überzeugung der Autoren, eine unverzichtbare Wohlstandsmaschine für alle Länder.

Das erste Kapitel beschreibt die Wesensmerkmale der zweiten Welle der Globalisierung. Wie kam es dazu? Was hat sich geändert seit der schubartigen Öffnung der nationalen Grenzen für Güter, Kapital, Investitionen, Personen und Ideen in den 1980er und 1990er-Jahren? Dieses Kapitel beschreibt das neue Machtgefüge, das seither entstanden ist. Die globale Hackordnung, traditionell dominiert von den USA und Westeuropa und den G7 als einer Art Verwaltungsrat der Weltwirtschaft, präsentiert sich heute neu. Wie sehen die neuen Pole der Weltwirtschaft aus, wohin entwickeln sie sich? Welche Rolle spielt die neue Supermacht China?

Ein zweites Kapitel umreisst die Entwicklung der weltweiten demografischen Alterung. Welche Weltregionen altern wie rasch? Wie sieht die Weltbevölkerung von morgen aus? In welchen Dimensionen müssen wir uns die internationalen Migrationsbewegungen vorstellen?

Ein drittes Kapitel skizziert den trotz politischen Widerständen entstehenden globalen Arbeitsmarkt. Wer sind die Gewinner und wer sind die Verlierer der grossen Verschiebungen? Welche Kräfte lassen Arbeitsplätze in welchen Teilen der Welt entstehen und verschwinden? Wie sieht der Arbeitsmarkt von morgen aus?

Ein viertes Kapitel versucht, einige Aspekte der Revolution an den Finanz- und Kapitalmärkten zu veranschaulichen. Was hat zur Abkoppelung dieser Märkte von der Globalisierung der Güter- und Dienstleistungen geführt? Welche Grössenordnungen haben sie erreicht? Was bedeutet die wachsende Verschuldung der alternden Industrieländer?

Ein fünftes Kapitel streift schliesslich das Thema Energie als unabdingbarer

Treiber des beschleunigten globalen Wachstums. Wie entwickelt sich der globale Energiebedarf? Welcher Wachstumspfad wäre vereinbar mit einer nachhaltigen Klimapolitik? Wie teuer ist eine CO_2-ärmere Wirtschaft? Wer bezahlt die Rechnung?

Das sechste Kapitel fasst einige allgemeine Gedanken zur Schweiz zusammen, die sich aus den beobachteten Entwicklungen ergeben. Letzten Endes stellt die Globalisierung immer wieder die Machtfrage. Wer gewinnt? Wer verliert? Warum? Die Schweiz, dies sei bereits vorausgeschickt, läuft Gefahr, in dieser zweiten Welle der Globalisierung an Macht und Einfluss zu verlieren.

Das Bild wäre unvollständig ohne unabhängige, kompetente Stimmen von dritter Seite, die diese Datenlage kritisch beurteilen und kommentieren und zukünftige Wege für die Schweiz skizzieren. Rudolf H. Strahm und Konrad Hummler übernehmen diese Aufgabe. Sie ziehen ihre Schlüsse aus den Beobachtungen und denken sie aus ihrer jeweiligen Perspektive weiter.

GLOBALISIERUNGSWELLEN

DIE ERSTE WELLE

In den letzten Jahrzehnten hat sich eine Art Kanon der Globalisierung herausgebildet, eine landläufige Definition.[1] Gemäss dieser Beschreibung haben der Globalisierung, verstanden als weltweite Integration der Märkte für Güter, Dienstleistungen, Kapital und Information, in der Nachkriegszeit drei treibende Kräfte zum Durchbruch verholfen:

Liberalisierung des Welthandels: Im Rahmen des 1948 abgeschlossenen GATT und seit 1993 der Nachfolgeorganisation WTO wurden die Zölle für Güter und Dienstleistungen in acht mehrjährigen Verhandlungsrunden dramatisch verringert, vor allem in Entwicklungs- und Schwellenländern [Grafik rechts]. Das schaffte die handelspolitischen Voraussetzungen für die Ausweitung des Welthandels.[2]

Zölle sinken

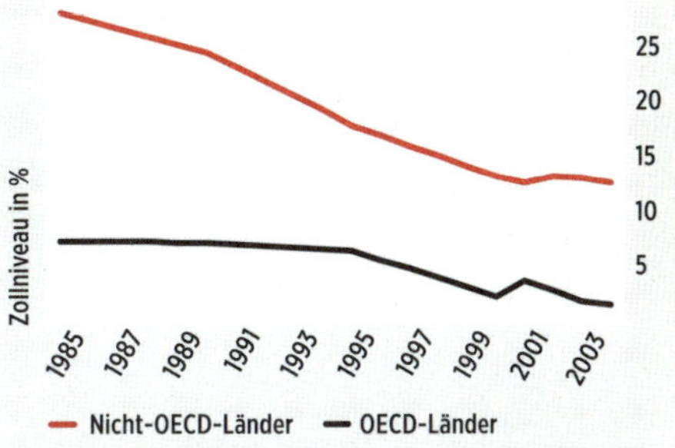

Güterzölle spielen im Handel unter OECD-Ländern nur noch eine geringe Rolle. In den letzten Jahrzehnten haben aber vor allem auch die Schwellen- und Entwicklungsländer ihre Zölle deutlich gesenkt und sich in den Welthandel integriert.

Quelle: OECD

Revolution im Transportwesen: Technologische Fortschritte im Luft-, Strassen- und Schiffsverkehr und die Einführung internationaler Normen und

Transportkosten sinken

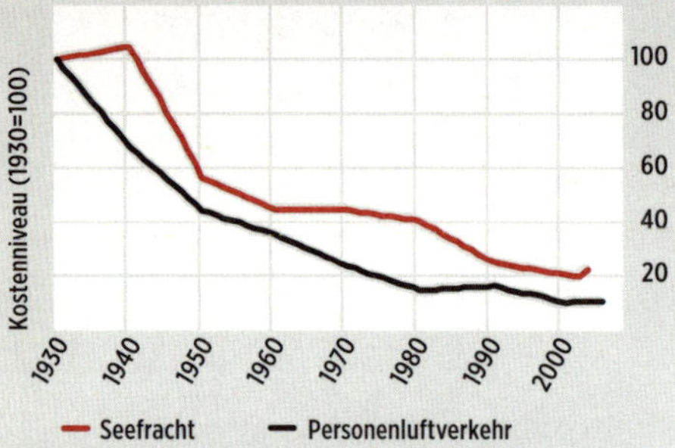

Fracht- und Transportkosten machten bis zum Zweiten Weltkrieg einen erheblichen Teil der Endpreise aus. Heute betragen sie dank standardisierter Logistik (Frachtcontainer) nur noch einen Bruchteil der Kosten von damals, trotz höherer Energiepreise.

Quelle: OECD

Kommunikationskosten sinken

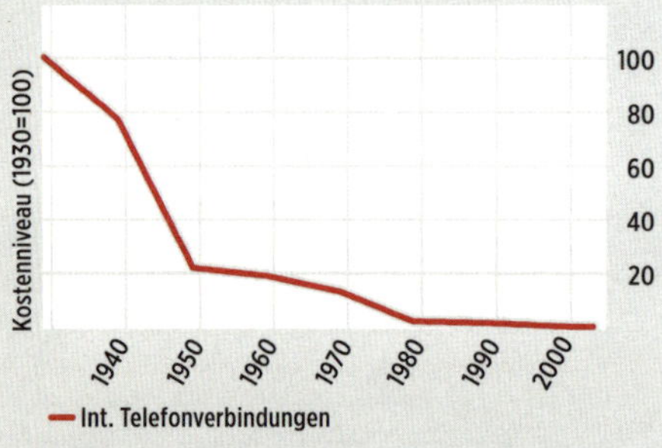

Seit der Internetrevolution ist internationale Kommunikation nahezu kostenlos – dort wo die Infrastruktur vorhanden ist. 1950 kostete ein Dreiminutengespräch von New York nach London rund 80 USD, 2007 noch 0.23 USD (zu Preisen von 2005 USD).

Quelle: OECD

Standards im interkontinentalen Güterhandel haben die Transportkosten seit 1930 um vier Fünftel gesenkt [Grafik links oben]. Das bekannteste Beispiel und Symbol für diese Standardisierung ist der Frachtcontainer, mit dem weltweit mühelos und zu geringen Kosten Massengüter zwischen Wasser, Land und Luft verschoben werden können.[3]

Revolution im Kommunikationswesen: Die hohen Kosten für die internationale Kommunikation sind dank dem Fortschritt elektronischer Datenübermittlung und der Liberalisierung des Telekomsektors auf nahezu Null gesunken [Grafik links unten].[4] Das Internet sowie neue Computer- und Softwaregenerationen erlauben heute eine zeitgleiche, weltweite Kommunikation, was für die komplexe Logistik des globalen Handels unabdingbar ist.

Gemeinsam führten diese drei wichtigsten Entwicklungen zu tieferen Handelskosten, einem verstärkten Wettbewerb und einer historisch einmaligen Ausweitung des internationalen Handelsvolumens [Grafik rechts].[5] Sie lösten die geografische Bindung auf, die den Ort der Produktion und den Ort des Konsums zuvor eng verknüpfte. Diese *erste Welle* der Globalisierung begann mit dem Wachstumsschub der Nachkriegszeit. Sie war von einem gängigen Muster und einer zweigeteilten Welt geprägt: Unternehmen aus den OECD-Ländern erweiterten ihre Handelsaktivitäten und nutzten die sinkenden Transaktionskosten, um ihre Aktivitäten auf weitere Länder auszudehnen. Sie verfügten über das notwendige Kapital, das Management-Know-how, die entsprechenden Technologien und die politische Unterstützung, um die Möglichkeiten dieser Globalisierung zu nutzen, also neue, günstigere Produktionsstandorte in anderen Weltregionen aufzubauen, Grössenvorteile auszunutzen und globale Marken zu etablieren. Das Ergebnis waren die goldenen Dekaden der Nachkriegszeit mit ihren – von wenigen Einbrüchen abgesehen – hohen Wachstumsraten und Wohlstandsgewinnen. Die OECD berechnete in der langen Frist für 10 Prozent mehr Öffnung (Summe der Exporte und Importe) eine rund 4-prozentige Erhöhung des Pro-Kopf-Einkommens [Grafik Seite 18].[6]

Welthandel blüht

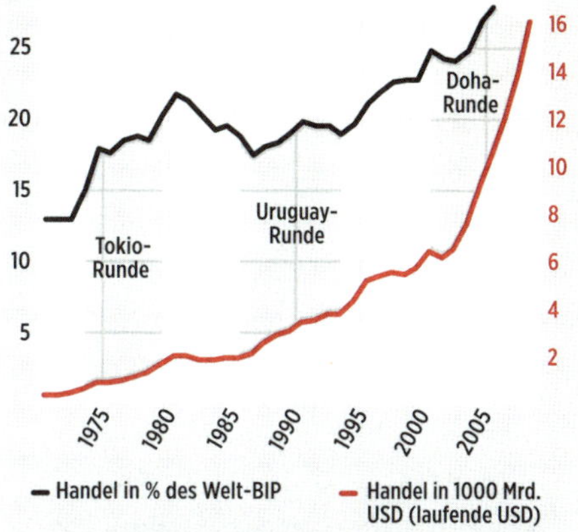

Handelsliberalisierung und Fortschritte in Transport und Kommunikation führten zu einer einmaligen Ausweitung des globalen Handels. Der Handel von Gütern und Dienstleistungen macht heute fast ein Drittel des Welt-BIP aus. Trotz stockender WTO-Verhandlungen in der Doha-Runde ist das Handelsvolumen in keiner Periode so stark gestiegen wie seit deren Beginn 2001. In absoluten Zahlen hat er sich nur schon in diesen Jahren fast verdreifacht.

Quelle: WTO/OECD, eigene Darstellung

In dieser ersten Welle der Globalisierung übernahmen Entwicklungs- und vor allem Schwellenländer eine Rolle als verlängerte Werkbank der Weltwirtschaft.

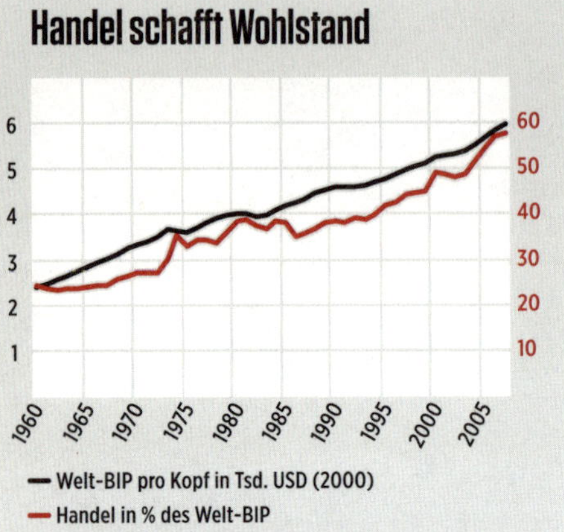

Die Ausweitung des Welthandels und steigender Wohlstand sind nachweislich eng verknüpft. Eine Öffnung der Handelsschranken um 10 Prozent zog in den vergangenen Jahrzehnten im Durchschnitt eine Erhöhung des Pro-Kopf-Einkommens von 4 Prozent nach sich.

Quelle: Weltbank, eigene Darstellung

Die globale Arbeitsteilung führte zu einer Verlagerung von Arbeitsplätzen mit tiefer Wertschöpfung aus dem OECD-Raum an günstigere Standorte. Betroffen waren vor allem die Textil- und Maschinenindustrie mit ihren standardisierten Arbeitsprozessen. Die erste Welle der Globalisierung ging unbestritten von den OECD-Ländern aus.[7] Während des Kalten Krieges wurden aus Gründen politischer Opportunität zuweilen korrupte und illegitime Regimes unterstützt, und die wirtschaftliche Ausbeutung ihrer Bevölkerungen wurde geduldet.

Kritische Beobachter sahen noch in den 1980er- und 1990er-Jahren in der Globalisierung die Wiederholung dieses postkolonialen Musters, eine neue Zentrum-Peripherie- oder Nord-Süd-Dominanz, eine erneute Abhängigkeit und Ausnutzung der Entwicklungsländer durch die OECD-Länder. Die klassische Globalisierungskritik ist jedoch nach allen verfügbaren Daten heute schwierig zu verteidigen.[8] Die Realität sieht anders aus. Die Globalisierung nahm aus ihrer eigenen Dynamik heraus eine neue Wendung. Die erste Welle ist vorbei.

DIE ZWEITE WELLE

Wie in der Natur ist die Beobachtung von Wellen auch in der Geschichte ein heikles Unterfangen. Wellen überlagern sich und beeinflussen sich gegenseitig. Es ist schwierig festzustellen, wann eine «neue Welle» beginnt. Wie in der Natur weiss man jedoch auch in der Geschichte unmissverständlich ab einem gewissen Punkt, *dass* etwas Neues entstanden ist. Für die zweite Welle der Globalisierung muss dieser Punkt um die Jahrtausendwende angesiedelt werden. Ab dann war ersichtlich, dass die Schwellenländer in der Weltwirtschaft eine neue tragende Rolle spielen. Die erste Welle der Globalisierung schuf die Voraussetzungen dafür und trug damit jenen subversiven Kern ihrer weiteren Entwicklung bereits in sich, der die Machtverhältnisse zwischen dem OECD-Raum und dem Rest der Welt grundlegend veränderte.

Nach der Überwindung der Asienkrise zeigte sich in diesem Zeitraum ein erwachendes Selbstbewusstsein der Schwellenländer. Auch die «Geburt» der BRIC-Länder fällt in diese Zeit, 1999 die Gründung der G20, der Eintritt Chinas in die WTO 2001 und der Beginn der Doha-Runde, in der zum ersten Mal nicht mehr die OECD-Mitglieder über den Ausgang der Verhandlungen bestimmen. Umgekehrt markiert die Jahrtausendwende mit den Protesten verschiedener OECD-Interessengruppen gegen das WTO-Ministertreffen in Seattle 1999 und den G8-Gipfel in Genua 2001 eine «Globalisierungsmüdigkeit» der Wohlstandsgesellschaften. Sie markiert auch den Einzug des Internets in Haushalte, Universitäten und Unternehmen und damit die digitale Durchdringung wirtschaftlicher, finanzieller und sozialer Beziehungen. Die Natur der Unternehmen und damit das Verhältnis zwischen Wirtschaft und Staat begann sich in jenen Jahren grundsätzlich zu wandeln. Was damals begann, offenbart seine Kraft erst heute, nach Ausbruch der Krise, in aller Klarheit. Die prägenden Elemente dieser *zweite Welle* werden nachfolgend erläutert.

Die Globalisierung verliert ihr Zentrum

Die Globalisierung hat nicht wie befürchtet zu einer Unterjochung des Südens durch den Norden geführt, sondern zu einem massiven und robusten Wachstum jener Entwicklungsländer, welche die Möglichkeiten der Globalisierung für sich genutzt haben. Dabei spielten weder Grösse noch Geo-

Die «neue G7»

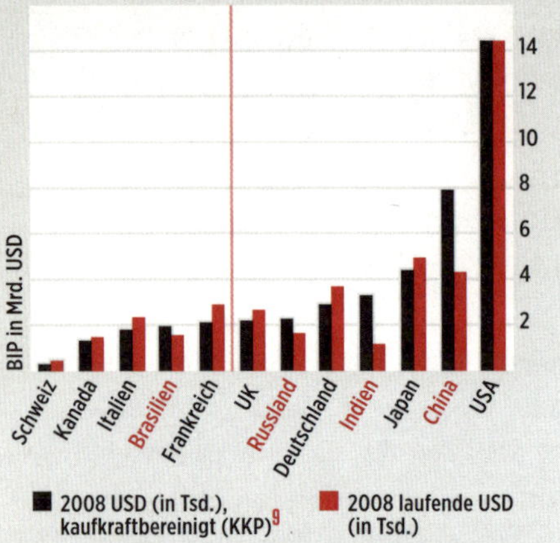

Im Rahmen der G7 treffen sich jährlich die sieben wichtigsten Volkswirtschaften, seit 1998 mit Russland erweitert zur G8. Gemessen an ihrer Kaufkraft (schwarze Säulen) wären Frankreich, Italien und Kanada seit längerem nicht mehr dabei, dafür die Schwellenländer China und Indien. Brasilien würde ebenfalls Italien und Kanada hinter sich lassen. China hat 2010 auch zu Marktpreisen (rote Säulen) Japan als zweitgrösste Wirtschaftsmacht abgelöst.

Quelle: IWF, eigene Darstellung

grafie noch Kultur eine Rolle. Die Höhe der Entwicklungsgelder aus OECD-Ländern war in keinem der Schwellenländer massgebend für deren wirtschaftlichen Aufstieg. Im Gegenteil. So verschiedene Länder wie Singapur oder China, Chile oder Korea, Mauritius oder Brasilien haben durch stabile Rahmenbedingungen, wirtschaftliche Reformen und Fremdinvestitionen, gepaart mit einem dynamischen Privatsektor, ihren Wohlstand vermehrt und die Armut ihrer Bevölkerung vermindert. Auch die ärmeren Entwicklungsländer wiesen in der Periode von 2000 bis 2007 das höchste Wachstum seit den 1960er-Jahren aus.[10] Der Weg war nie eben, doch er führte trotz Krisen und Rückschlägen zu einer heute fundamental neuen globalen Hierarchie der Macht [Grafik links oben], geprägt vor allem durch die vier Länder Brasilien, Russland, Indien und China. Sie werden unter dem Kürzel BRIC zusammengefasst, obwohl sie sehr unterschiedliche Eigenschaften aufweisen [Grafik rechts unten].[11]

Die Globalisierung könnte somit unerwartet als erfolgreichstes Entwicklungsmodell des 20. Jahrhunderts in die Geschichte eingehen [Box Seite 41]. In den aufstrebenden Ländern sind im vergangenen Jahrzehnt zahlreiche multinationale Unternehmen entstanden, die sich heute mit ihren Konkurrenten aus dem OECD-Raum messen. Heute sind bereits rund 70 BRIC-Unternehmen unter den *Fortune Global 500* zu finden, innert zehn Jahren könnten es bereits deren 170 sein.[12] Sie übernehmen in zunehmender Zahl westliche Unternehmen[13] [Box Seite 22] und sind zu selbstbewussten Akteuren mit einer soliden Kapitalbasis und eigenen Forschungskapazitäten herangewachsen. Waren die Exporte aus diesen Ländern ursprünglich auf Rohstoffe und Massengüter beschränkt, bestehen sie heute aus einem rasch wachsenden Hightech-Anteil [Grafik Seite 23]. Dank ihren geordneten öffentlichen Finanzen sind es ironischerweise unter anderem Staatsfonds aus Schwellenländern und dem Nahen Osten mit ihren hohen Reserven, die krisengeschüttelte Banken aus dem OECD-Raum (darunter die Credit Suisse und

BRIC: Die verschiedenen Vier

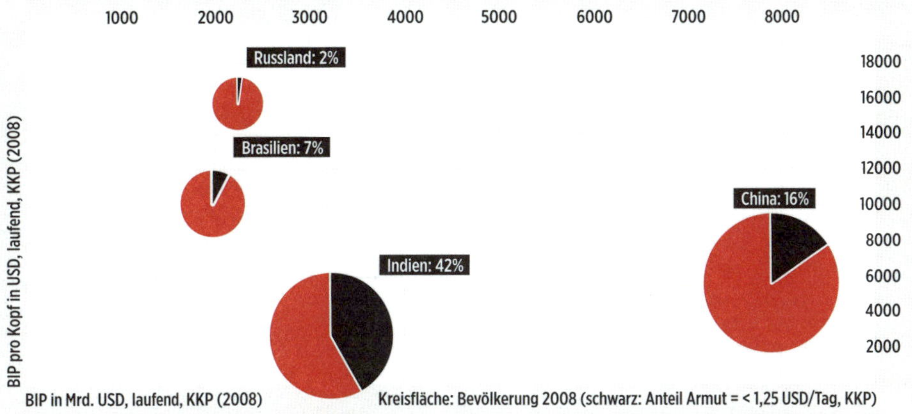

Traditionell werden die BRIC-Länder (Brasilien, Russland, Indien, China) in einem Atemzug genannt. Abgesehen von ihrer gemeinsamen wirtschaftlichen Dynamik weisen die vier Länder bei näherem Hinsehen erhebliche Unterschiede auf. Das BIP Chinas ist grösser als das BIP der übrigen drei Länder gemeinsam. Indien weist mit einem Anteil von 42% bei weitem den höchsten Anteil in Armut lebender Menschen auf. Russlands durchschnittliches Pro-Kopf-Einkommen ist über fünfmal höher als dasjenige Indiens.

Quelle: Weltbank, eigene Darstellung

BOX: ÜBERNAHMEN VON OECD-TRADITIONSUNTERNEHMEN DURCH UNTERNEHMEN AUS SCHWELLENLÄNDERN

LENOVO – IBM

2004 übernimmt die chinesische Firma Lenovo die Abteilung Mikroinformatik (PCs und Laptops) von IBM. Dadurch wird Lenovo zum weltweit drittgrössten PC-Hersteller.

EMBRAER – OGMA

2005 beteiligt sich der brasilianische Flugzeughersteller Embraer zusammen mit der europäischen EADS am portugiesischen Flugzeughersteller OGMA.

KNE – BORSIG

2007 erwirbt der malaysische Anlagenbauer KNE das 172-jährige deutsche Traditionsunternehmen Borsig, ursprünglich eine Dampfmaschinenfabrik, die heute Anlagen für die Öl-und Gasindustrie liefert.

TATA – CORUS, JAGUAR/ROVER

2007 übernimmt die indische Firma Tata die britische Stahl-Gruppe Corus, 2008 kauft sie die Traditionsmarken Jaguar und Rover für 2,3 Milliarden USD von Ford ab. Tata stellt seit 2009 das billigste Auto der Welt her, den Tata Nano für 1700 Euro.

MAHINDRA&MAHINDRA – AEROSTAFF, GIPPSLAND

2009 erwirbt der indische Autohersteller Mahindra die zwei australischen Flugzeugkomponenten-Hersteller Aerostaff und Gippsland. Mahindra ist der Welt drittgrösster Hersteller von Traktoren.

SINOPEC – ADDAX

2009 übernimmt die China Petrochemical Corporation (Sinopec-Gruppe) die in Genf ansässige Ölfirma Addax Petroleum Corporation für über 7,3 Milliarden USD. Es ist die grösste Auslandsübernahme, die jemals von einer chinesischen Ölfirma getätigt wurde.

GEELY – VOLVO

2010 übernimmt der hierzulande nahezu unbekannte private chinesische Autohersteller Geely die Automarke Volvo.

HINDUSTAN CONSTRUCTION COMPANY LTD. – KARL STEINER AG

2010 übernimmt Hindustan Construction, eine der führenden indischen Unternehmensgruppen für Infrastruktur- und Stadtentwicklung eine Mehrheitsbeteiligung an der Karl Steiner AG, einem fast hundertjährigen schweizerischen Traditionsunternehmen im Immobilienbereich.

die UBS) und ganze Volkswirtschaften stützten.[14]

Produkte verlieren ihre Nationalität

In der ersten Welle bestand der internationale Handel in seiner klassischen Form aus der Produktion im Land A und dem Konsum im Land B. Heute hat die zweite Welle den Globus in einen integrierten und differenzierten Werkplatz mit verschiedenen Abteilungen verwandelt. Nicht nur der Handel, sondern die Produktion selbst hat sich internationalisiert. Forschung und Entwicklung für ein Produkt befinden sich an einem Ort, Herstellung und Marketing, Management und Finanzierung an dritten Orten. Unter den verschiedenen Werkplätzen werden Zwischenprodukte gehandelt. 2003 waren nach einer groben Schätzung mehr als die Hälfte aller international gehandelten Güter keine Endprodukte, sondern Komponenten. Knapp ein Drittel aller globalen Importe wird zur Herstellung von Exporten verwendet [Grafik Seite 24].[15] Im Bereich der Dienstleistungen, der heute den grössten Teil zum Volkseinkommen der OECD-Länder beiträgt, hat dieser Prozess erst begonnen. Länder und Unternehmen spezialisieren sich immer weniger in einzelnen Produkten und Industrien, sondern in Prozessen, in spezifischen Verarbeitungsschritten. Die Wirtschaftspolitik der meisten Länder hinkt dieser Entwicklung noch hinterher. Es ist unklar, welche Folgen sich für eine nationale

BRIC: Computer statt T-Shirts

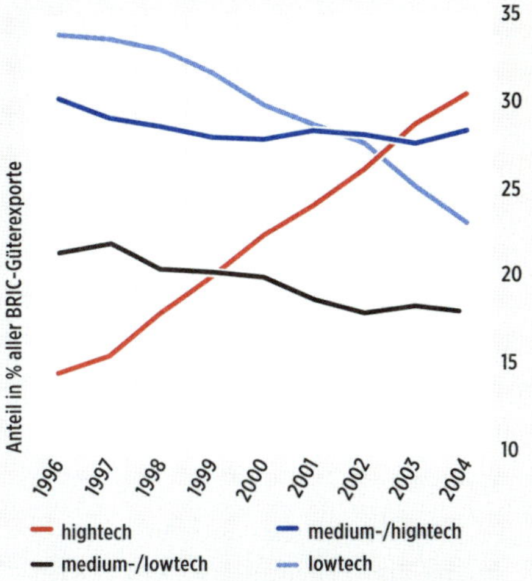

Ursprünglich Lieferanten von Rohstoffen, Textilien und Lowtech-Massengütern, haben sich die BRIC-Länder innerhalb eines Jahrzehnts zu Lieferanten von Hightech-Gütern entwickelt. Sie machen heute bereits ein Drittel ihrer Exporte aus.

Quelle: OECD

Bestandteilhandel

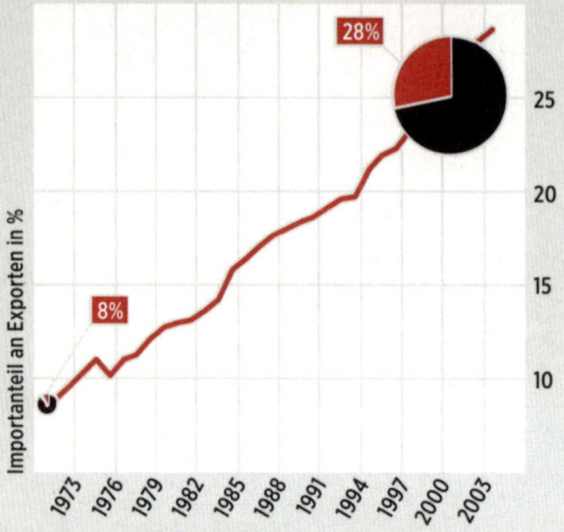

Kreisfläche = Volumen des Welthandels (1970:2000)

Im Verlauf einer immer engeren Integration hat sich der Welthandel zwischen 1970 und 2000 um den Faktor 24 erweitert (Grösse Kreisflächen). Bei näherer Betrachtung werden jedoch immer weniger Güter gehandelt, sondern immer mehr Güterbestandteile (roter Anteil). Es entstehen immer feiner fragmentierte globale Wertschöpfungsketten. Einzelne Länder und Unternehmen spezialisieren sich auf einzelne Bestandteile und Prozesse.

Quelle: OECD

Wettbewerbs-, Standort- und Bildungspolitik ergeben.

Diese Fragmentierung der Wertschöpfungsketten findet sowohl zwischen Ländern *(Offshoring)* als auch zwischen Unternehmen *(Outsourcing)* statt [Box rechts unten]. Diese ständig engere Verzahnung hat zur Folge, dass ein einzelnes Land seine Bedürfnisse immer weniger durch eigene natürliche, finanzielle und menschliche Ressourcen decken kann, sondern seine Wirtschaft und seine Arbeitsplätze Bestandteil eines globalen Systems werden.

In grösseren Volkswirtschaften ist der Importanteil an den Exporten naturgemäss geringer, da sich viele Wertschöpfungsschritte im eigenen Land befinden. In typischen mittelgrossen europäischen Ländern beträgt der Anteil rund ein Drittel (Schweiz: 29 Prozent), in den klassischen Fertigungsstandorten Ost- und Mitteleuropas zum Teil über die Hälfte [Grafik Seite 26].

Dadurch wird es immer schwieriger, die Nationalität eines Produkts zu bestimmen. Nur noch sehr wenige Güter sind im strengsten Sinne 100-prozentige Eigenprodukte. Sogar für einen Schweizer Apfel sind Importe von Dünger und Energie notwendig. Mit der immer feineren Aufspaltung der Produktionsprozesse wird die Globalisierung aber auch verletzlicher. Finanzierungs-, Versorgungs- und Transportengpässe oder politische Konflikte können weltweit vernetzte Wertschöpfungsketten und damit den gesamten Wirtschaftskreislauf an unterschiedlichen Punkten aus unterschiedlichen Gründen abrupt unterbrechen, wie die Finanzkrise oder zuvor schon die «Vogelgrippe» gezeigt haben.

Unternehmen werden nomadisch

Während sich Güter und Dienstleistungen in einzelne Prozesse aufspalten, werden Unternehmen selber zunehmend als Güter gehandelt. Familiäre und nationale Firmenstrukturen und die entsprechende Identifikation der Unternehmen mit ihrem Standort und ihrer Arbeiterschaft lösen sich auf. Ein wachsender Teil der Bevölkerung eines Landes verdankt ihre Arbeitsplätze «fremden» Unternehmen, ohne sich dessen bewusst zu sein [Grafik Seite 27]. Während das Aktienkapital der wichtigsten Unternehmen eines Landes noch bis in die 1990er-Jahre hinein unter langfristigen nationalen Eigentümern, in der Regel über Kreuz, verteilt war, befindet es sich heute grösstenteils im Besitz von anonymen internationalen Teilhabern. Sie setzen sich zusammen aus kurzfristigen Portfolio-Investoren und langfristigen Anlegern wie Pensionskassen oder Investitionsfonds. Beide Kategorien haben in der Regel weniger ideologische oder nationale Präferenzen, sondern sind

BOX: OUTSOURCING & OFFSHORING

Offshoring beschreibt die Auslagerung von Arbeitsprozessen ins Ausland, sowohl in ausländische Unternehmen als auch innerhalb des eigenen multinationalen Unternehmens. Es wird geschätzt, dass bis zu einem Drittel des Welthandels innerhalb von multinationalen Unternehmen stattfindet.

Mit **Outsourcing** wird die Auslagerung ausserhalb des eigenen Unternehmens bezeichnet, sowohl innerhalb der Landesgrenzen als auch international.

	national	international
innerhalb eines Unternehmens		offshoring
zwischen Unternehmen	outsourcing	outsourcing/ offshoring

Quelle: OECD

Vom globalen Handel zur globalen Wertschöpfungskette

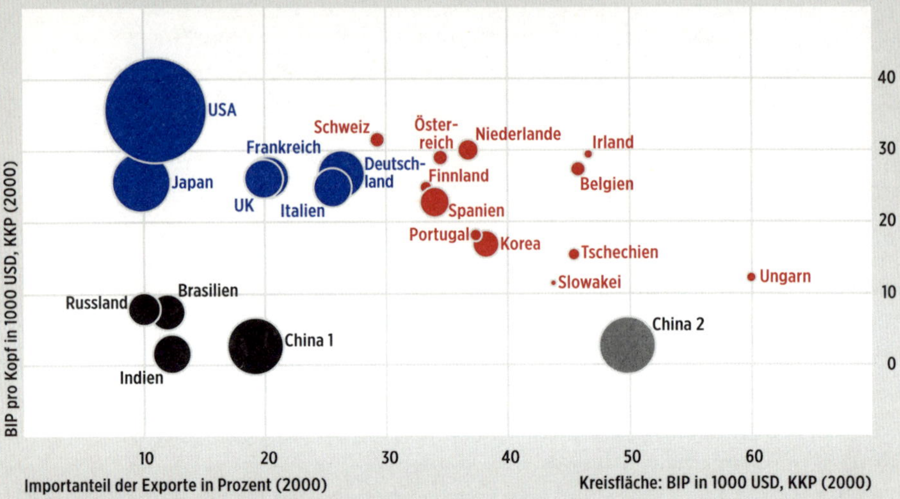

Die Exporte der meisten europäischen Länder bestehen heute zu 30-40 Prozent aus verarbeiteten Importen. In den kleineren, mittel- und osteuropäischen Ländern Slowakei, Tschechien und Ungarn beträgt der Wert bis zu 60 Prozent. In grösseren Ländern (G7) liegt der Wert naturgemäss tiefer, da heimische Zulieferermärkte vorhanden sind. BRIC-Länder weisen weniger komplexe Wertschöpfungsketten auf, Russlands Exporte bestehen vor allem aus Rohstoffen. Chinas Wert würde rund 50 Prozent betragen, zählte man die Importe und Exporte aller nicht-chinesischen Unternehmen.

Quelle: IWF/OECD, eigene Darstellung

ihren Kapitalgebern (zum Beispiel den Beitragszahlern der Pensionskassen) und damit der Produktivität und Rendite verpflichtet.

Elektronische Kommunikation und das Internet machen heute ein Arbeiten am gleichen Produkt in mehreren Ländern gleichzeitig möglich. Dadurch hat sich die Natur vieler Unternehmen gewandelt. Traditionelle Unternehmen, an einem festen Ort angesiedelte Produktionsstätten mit lokalen Arbeitskräften, existieren zwar noch in grosser Zahl. Daneben aber sind in OECD-Ländern immer häufiger zwei neue Kategorien anzutreffen: Der erste Typus ist das global tätige multinationale Unternehmen, das seine Produktion in immer komplexere Wertschöpfungsketten auf mehrere Standorte aufteilt, einer sich ständig ändernden internationalen Aktionärsgemeinschaft «gehört» und von einem internationalen Management geführt wird. Der zweite Typus ist das kleine Dienstleistungsunternehmen, dessen Leistungsangebot nicht ortsgebunden ist, dessen Eigentümer leichtfüssig ihren Standort über Grenzen hinweg wechseln, und das früher oder später in anderen Unternehmen aufgehen kann. Beide Typen besitzen noch immer, zum Teil historisch bedingt, einen juristischen Standort, sind aber von ihrer Natur und

Sanfte gegenseitige Kolonisierung

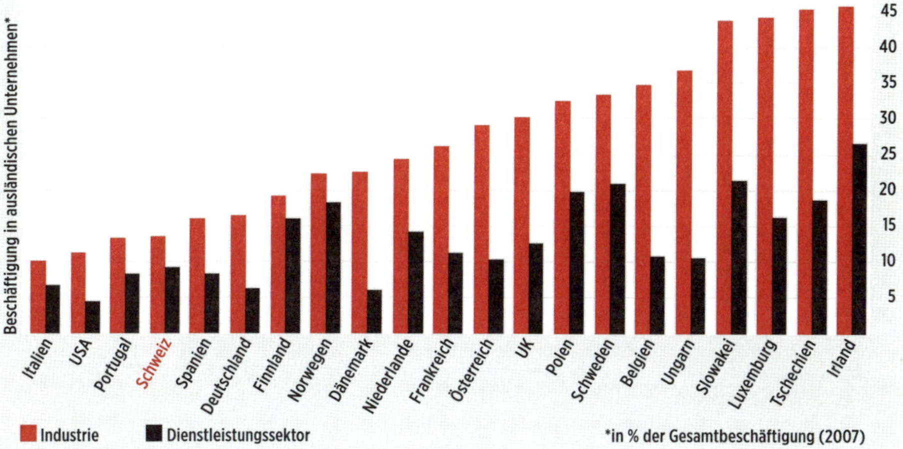

Ein wachsender Anteil der Beschäftigten aller Länder arbeitet für einen «fremden» Arbeitgeber, dessen Hauptsitz sich ausserhalb des Landes befindet. In der Industrie erreicht dieser Anteil in einzelnen Länder über ein Drittel, in der Schweiz erst 14 Prozent. Im noch weniger globalisierten Dienstleistungssektor ist dieser Anteil geringer, in der Regel zwischen 10 und 20 Prozent, in der Schweiz 9 Prozent. Mit der wachsenden Mobilität von Personen, Kapital und Unternehmen werden diese Anteile weiter zunehmen.

Quelle: OECD

Abgehobene Finanzmärkte

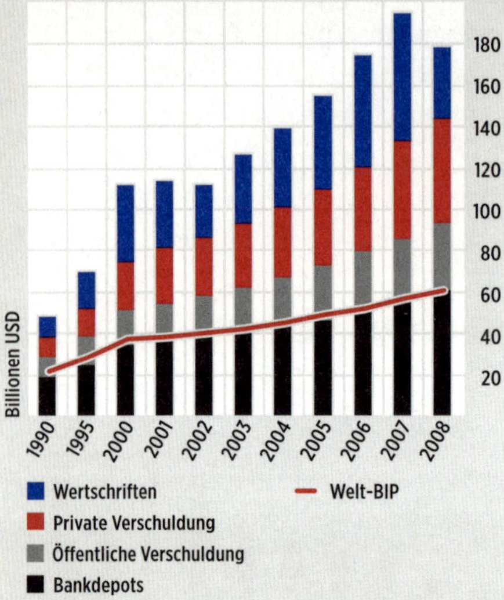

Wirtschaft und Finanzmärkte bewegten sich historisch im Gleichschritt. Zwischen 1990 und 2007 haben sich jedoch die weltweiten Finanzwerte gegenüber dem Welt-BIP (rote Linie) vervierfacht. Das traditionelle Bankgeschäft (Kredite, Hypotheken) ist dem Investmentbanking und dem IT-gestützten Trading mit neuen Finanzinstrumenten gewichen. Die Finanzkrise von 2008 hat diese Entwicklung zu einem abrupten Halt gebracht.

Quelle: McKinsey Global Institute

ihrem Interesse her nomadisch.[16] Im Gegensatz dazu sind Staaten an ihre Geografie gebunden. Diese Entkoppelung zwischen Wirtschaft und Politik lässt eine Art «vaterlandslosen Kapitalismus» entstehen. Die neue Generation internationaler Manager ist in erster Linie ihren Kapitalgebern verpflichtet und erst in zweiter Priorität ihrem Standort.

Finanzmärkte lösen sich von der Realwirtschaft

Die beschleunigte Entwicklung in der zweiten Welle der Globalisierung ist ohne die Revolution im Bereich der Finanzmärkte undenkbar. Der heutige Finanzdienstleistungssektor hat mit demjenigen vor der Jahrtausendwende fast nichts mehr gemeinsam, weder von seinem Volumen her noch in seiner Funktionsweise. Zuvor wuchsen der globale Kapitalmarkt und das Welt-BIP – ausser in Kriegszeiten – über Jahrzehnte im Gleichtakt. Diese historische Verbindung begann sich in den 1990er-Jahren aufzulösen [Grafik links]. 2007 erreichte die Summe sämtlicher finanzieller Guthaben inklusive Aktienkapitalisierung, privaten und öffentlichen Schulden und Bankguthaben mit 194 Billionen USD bereits fast den vierfachen Wert des Welt-BIP.[17] Neben dem traditionellen, stabilen und längerfristig orientierten Commercial Banking und Private Banking nahm das Investment Banking eine immer wichtigere Rolle ein.[18] Die Globalisierung der Finanzmärkte entwickelte eine eigene Dynamik, die sich von der Globalisierung der Realwirtschaft zunehmend abkoppelte.

Diese Entwicklung widerspiegelt die Liberalisierung der Kapitalmärkte, deren globale Vernetzung sowie den beispiellosen Innovationsschub auf dem Markt der computergestützten Finanzprodukte, insbesondere der Derivate, das heisst dem Handel mit Rechten und Verträgen anstelle der darunter liegenden physischen Werte. Zeitgleich wuchsen auf der Angebotsseite die Volumen der Pensionsfonds aus den OECD-Ländern [Grafik unten] und auf

Pensionskassen: Könige des Kapitalmarkts

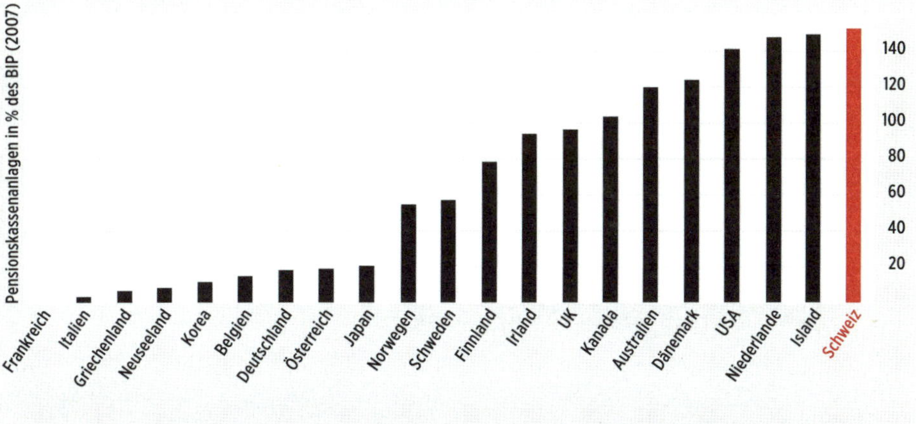

Rund 60 Prozent aller institutionellen Investoren weltweit verwalten heute hauptsächlich Pensionsvermögen. Die in Pensionsfonds angehäuften Ersparnisse für zukünftige Renten haben damit ein Volumen erreicht, das sie zu einer bestimmenden Grösse auf den globalen Kapitalmärkten macht. In vielen Ländern übertreffen die Volumen das jährliche BIP. Die Schweiz führt die Rangliste an, die über Jahrzehnte angehäuften Ersparnisse der zweiten und dritten Säulen betragen rund 150 Prozent des BIP.

Quelle: OECD

der Nachfrageseite die enormen Investitionsbedürfnisse der Schwellenländer. Im Zuge dieser Entwicklung sind neben Banken neue Finanzintermediäre, vor allem Hedge Funds und Private Equity Groups entstanden, die einer Regulierung stets vorauseilten. Sie erlaubten ein tieferes[19] Kredit- und Anlagegeschäft, das Hedging von Risiken, und über die Hebelwirkung neuer Instrumente Transaktionen von bisher kaum vorstellbaren Dimensionen. Der Umfang der globalen Unternehmensfusionen und Übernahmen *(Merger & Acquisitions)* stieg von lediglich 850 Milliarden USD im Jahre 1995 auf 3861 Milliarden USD im Jahre 2006. Damit vollzog sich unbemerkt auch eine Systemänderung von einem Managementkapitalismus hin zu einem Finanzkapitalismus, eine Machtverschiebung von Unternehmern zu Investoren.[20]

Im Rückblick enthielt dieser Cocktail in einem Umfeld von tiefen Zinsen, hoher Liquidität, innovativen Finanzinstrumenten, lückenhafter Regulierung, falschen politischen Anreizen und der elektronischen Beschleunigung sämtliche Zutaten der Finanzkrise. Sie dürfte dieser Entwicklung einen vorläufigen Endpunkt gesetzt haben. Es ist zweifelhaft, ob die aufholenden Bemühungen der Regulatoren sich auf globale Mechanismen einigen können. Das wäre umso wünschbarer, da in den Schwellenländern moderne Kapitalmarktinfrastrukturen und effektive Aufsichtsbehörden erst im Aufbau begriffen sind, für zukünftige Investitionen und Wachstum aber unabdingbar sein werden.

Asiens Mittelklassen bestimmen das globale Wachstum

Die bürgerliche Mittelklasse der OECD-Länder bildete mit ihren Werten – Unternehmertum, Ausbildung, Sicherheit, Streben nach materiellem Wohlstand – das stabile, soziale Fundament des marktwirtschaftlichen Systems. Mit steigendem Wohlstand stieg auch die Nachfrage nach typischen Gütern des täglichen Lebens – erhöhte Mobilität, bessere Ernährung und Gesundheit, Genuss von Freizeit und Kultur. In der ersten Welle der Globalisierung waren die Mittelklassen im OECD-Raum die Quelle der Nachfrage, die Schwellen-

Mittelklassenkampf

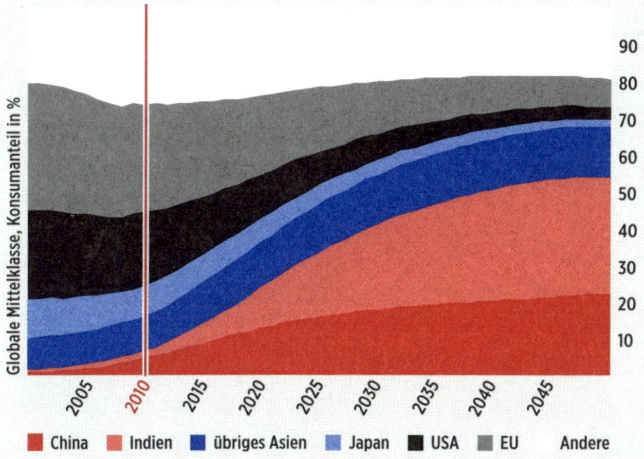

Die Mittelklassen der Bevölkerungsgiganten Indien und China tragen heute noch weniger als 10 Prozent zum globalen Konsum bei. Bis ins Jahr 2050 wird der Anteil dieser zwei Länder allerdings auf über 50 Prozent ansteigen und damit den globalen Konsum bestimmen. China wird dabei von Indien im Jahr 2030 als wichtigstes Land überholt. Der Anteil der USA, Japans sowie der EU wird von heute 70 Prozent auf rund 10 Prozent schrumpfen.

Quelle: H. Kharas

und Entwicklungsländer die Quelle des Angebots.[21] Seit längerer Zeit stagnieren jedoch die Realeinkommen der Mittelklassen in vielen OECD-Ländern [Kapitel 3]. Die Einkommensschere zwischen sehr vielen tieferen und vergleichsweise wenigen hohen Einkommen wächst. Diese Entwicklung droht die politische Unterstützung für die Globalisierung in den OECD-Ländern zu untergraben.

Die Treiber der Globalisierung befinden sich heute anderswo. Die wachsende Bevölkerung und der steigende Wohlstand lassen in den Schwellenländern[22] in den nächsten Jahrzehnten eine neue Mittelklasse mit rund zwei Milliarden Menschen entstehen [Grafik oben] – mehr als das Vierfache der Bevölkerung Europas – vorausgesetzt das wirtschaftliche Wachstum und die politische Stabilität bleiben erhalten.[23] Jedes Jahr werden zusätzlich 70 Millionen Konsumenten über ein Mittelklasse-Einkommen verfügen (6000 bis 30 000 USD, KKP[24]). Die Kombination von grosser Bevölkerung und robustem Wachstum wird die Mittelklasse vor allem in China und – um einige Jahre versetzt – in Indien rasant anschwellen lassen.[25] Diese Entwicklung stellt die Entstehung der bürgerlichen Mittelklasse Europas und der USA im Zuge der Industrialisierung des 19. Jahrhunderts in den Schatten. Für diese Konsumenten werden einkommenstypische Mittelklassegüter – Kühlschränke, Waschmaschinen, Haushaltselektronik, Fahrzeuge, Reisen und Schmuck – nun erschwinglich. Die weltweite Nachfrage nach Konsumgütern wird deshalb auf lange Frist erhalten bleiben.

Die zweite Welle der Globalisierung ist damit geprägt von einer – zufälligen – zeitlichen Konvergenz einer wirtschaftlichen, demografischen und technologischen Nomadisierung: eine wirtschaftliche und demografische Dezentralisierung vom OECD-Raum Richtung Schwellen- und Entwicklungsländer, eine Dezentralisierung von traditionellen, geografisch verhafteten Firmen zu mobilen Unternehmen mit mobilen Arbeitskräften und ein Aufbrechen der Produktion vor Ort zu fragmentierten Wertschöpfungsketten, getrieben und beschleunigt von einer technologischen Revolution. Sämtliche Produktionsfaktoren – Arbeit, Kapital und Technologie – sind in Bewegung geraten. Mit anderen Worten, die Welt der zweiten Welle ist ein globaler Basar, dessen Schwerpunkt sich nach Asien verschoben hat. Dieses neue Umfeld bereitet den Hintergrund für die Entwicklungen, die in den folgenden Kapiteln beschrieben werden.

FAZIT

Das Globalisierungsmonopol der OECD-Länder, die Machtverteilung zwischen «Norden» und «Süden» ist Geschichte. Aufstrebende Schwellen- und Entwicklungsländer nutzen die Globalisierung als erfolgreiches Entwicklungsmodell.

Die Produktion von Gütern und Dienstleistungen erfolgt zunehmend durch ein globales Netz von fragmentierten Wertschöpfungsketten. Die Produktionsfaktoren Arbeit, Kapital und Technologie werden nomadisch.

In den Schwellenländern entsteht eine neue Mittelklasse von zwei Milliarden Menschen. Sie wird zum zukünftigen Treiber der Weltwirtschaft.

Weiterführende Literatur:

Martin Wolf: Why Globalization Works (2005)

Joseph E. Stiglitz: Making Globalization Work (2007)

Harold James: The Creation and Destruction of Value: The Globalization Cycle (2009)

CHINA, «MUSTERSCHÜLER» DER GLOBALISIERUNG

China ist mehr als nur eine «aufstrebende Volkswirtschaft». Durch seine Grösse, fast ein Viertel der Weltbevölkerung, durch das atemberaubende wirtschaftliche Wachstum der letzten Jahrzehnte und seine damit erlangte politische Macht erfüllt es jene Rolle, für die sich eher der Begriff Weltreich anbietet. Kein anderes Land prägt die zweite Welle der Globalisierung wie China. Seine Entwicklung bietet das eindrücklichste Beispiel, wie ein Land bewusst die Chancen der Globalisierung genutzt hat und damit das Gefüge der Weltwirtschaft – ohne Übertreibung – aus den Angeln hebt.

China wird wieder zur grössten Volkswirtschaft

Nach der historischen wirtschaftlichen Neuorientierung unter Deng Xiaoping 1979, drei Jahrzehnte nach der Staatsgründung der Volksrepublik, stieg China innert weiterer drei Jahrzehnte von einem riesigen, armen, landwirtschaftlich geprägten Entwicklungsland zur vorherrschenden Macht im asiatischen Raum und neben der USA zum wichtigsten Global Player der Weltwirtschaft auf. Seit den 1980er-Jahren wuchs Chinas Wirtschaft pro Jahr zwischen 9 und 11 Prozent [Grafiken Seite 36]. Die Krise vermochte dieses Wachstum nur leicht und kurz zu schwächen.[26] Heute macht das BIP Chinas, kaufkraftbereinigt, rund 10 Prozent des gesamten Welt-BIP aus, mehr als das BIP der übrigen BRIC-Länder (Brasilien, Russland, Indien) zusammen.[27] Chinas Regierung hat somit die ökonomischen Lehren aus der Globalisierung gezogen, bisher allerdings ohne seine politischen Strukturen anzupassen, ohne die wirtschaftlichen Akteure vollkommen in die Freiheit zu entlassen und ohne die Zügel über wichtige wirtschaftspolitische Entscheidungen aus der Hand zu geben.

Betrachtet man die aussergewöhnliche Erfolgsgeschichte in einer historischen Perspektive, ist die heutige Stellung Chinas nichts Aussergewöhnliches,

Steiler Aufstieg

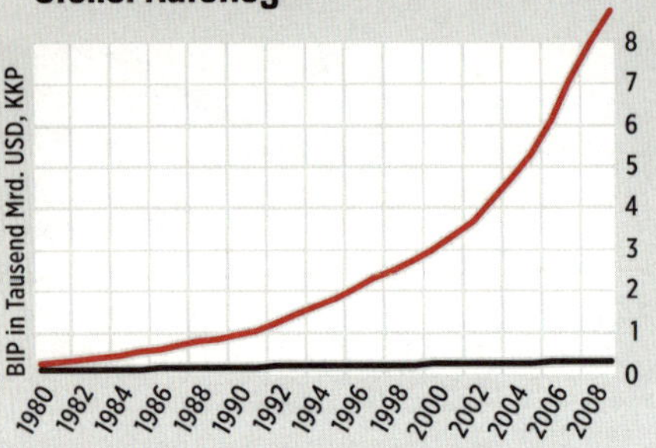

China ist in den vergangenen dreissig Jahren exponenziell gewachsen. 1980 betrug das kaufkraftbereinigte BIP trotz einer rund 150 mal grösseren Bevölkerung nur etwa doppelt so viel wie das BIP der Schweiz. 2009 war es rund 18-mal höher.

Quelle: IWF, eigene Darstellung

Langer Marsch

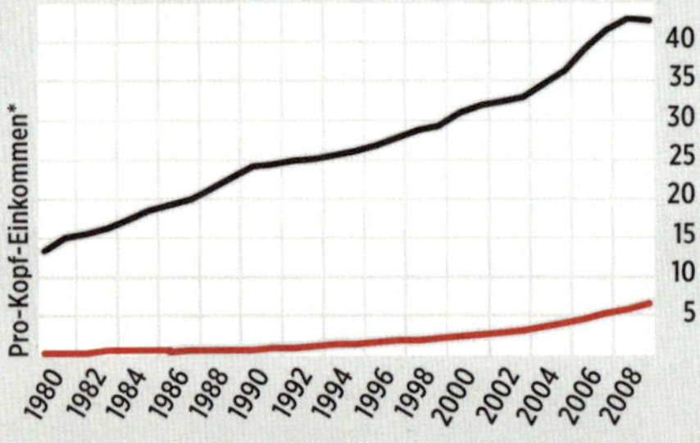

Das Pro-Kopf-Einkommen Chinas hat sich seit 1980 um den Faktor 26 vervielfacht. Trotzdem ist das Wohlstandsniveau noch rund sieben Mal tiefer als in der Schweiz. In absoluten Zahlen hat sich der Unterschied sogar noch vergrössert.

Quelle: IWF, eigene Darstellung

sondern bedeutet lediglich das Einschwenken auf seinen ursprünglichen Entwicklungspfad [Grafik rechts oben]. Die Wirren um das Ende des Kaiserreichs im ausklingenden 19. Jahrhundert, die Kriege des 20. Jahrhunderts und die gescheiterte Planwirtschaft in der Nachkriegszeit hatten China nur «vorübergehend» zurückgeworfen. 2010 überholte China Japan als zweitgrösste Wirtschaftsmacht. Im nächsten Jahrzehnt wird China voraussichtlich wieder der Welt grösste Volkswirtschaft sein. Trotzdem entbehrt es nicht einer gewissen Ironie, dass gerade das ehemals kommunistische Land nach dem gescheiterten «Grossen Sprung nach vorn» in den 1950er-Jahren und der desaströsen Kulturrevolution ab 1966 dem klassisch westlich geprägten Entwicklungspfad gefolgt ist und wohl als Vorbild für eine erfolgreiche Globalisierung in die Geschichte eingehen wird.

Liberalisierung: rasch gegen aussen – zögerlich gegen innen

Die wichtigsten Reformschritte Chinas, die Abschaffung der

staatlich kontrollierten Unternehmen und die Privatisierung des städtischen Wohnraums fanden erst in den späten 1990er-Jahren statt. Auch der wichtigste aussenwirtschaftliche Schritt, Chinas Beitritt zur WTO im Jahre 2001, fällt in diese Zeit der zweiten Welle der Globalisierung. Der wirtschaftliche Erfolg liess nicht auf sich warten. Nach einer steten Erhöhung seiner Ausfuhren hat China 2009 Deutschland als «Exportweltmeister» abgelöst.[28]

Die interne Liberalisierung findet ebenfalls in Etappen statt. Dem Privatsektor wird eine zunehmend grössere Rolle zugestanden [Grafik rechts unten]. Heute kontrolliert der Staat nur noch 10 Prozent der Unternehmen, die Hälfte der Bevölkerung arbeitet in Privatunternehmen.[29] Der landwirtschaftliche Sektor, obwohl noch immer bedeutender als in den OECD-Ländern, verliert zunehmend an Bedeutung zugunsten der Industrie und dem stark wachsenden Sektor der Dienstleistungen. In anderen Bereichen, der Wäh-

Die Rückkehr des Imperiums

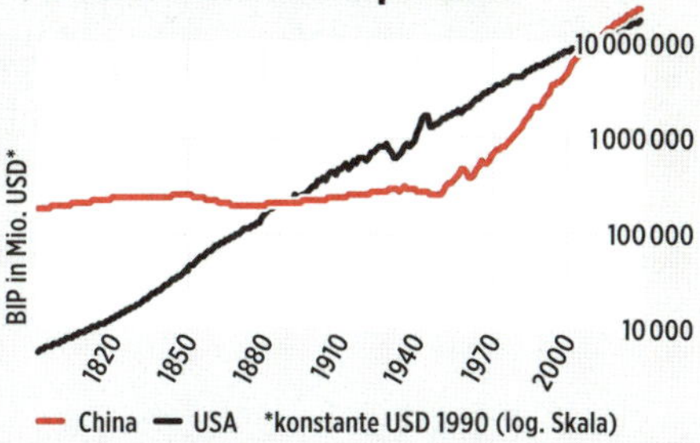

China nimmt heute seine wirtschaftliche Vormachtstellung wieder ein, die es während des 20. Jahrhunderts zeitweilig verloren hatte. Oft wird vergessen, dass China in vergangenen Jahrhunderten bereits einmal die vorherrschende Weltmacht war.

Quelle: A. Maddison

China going private

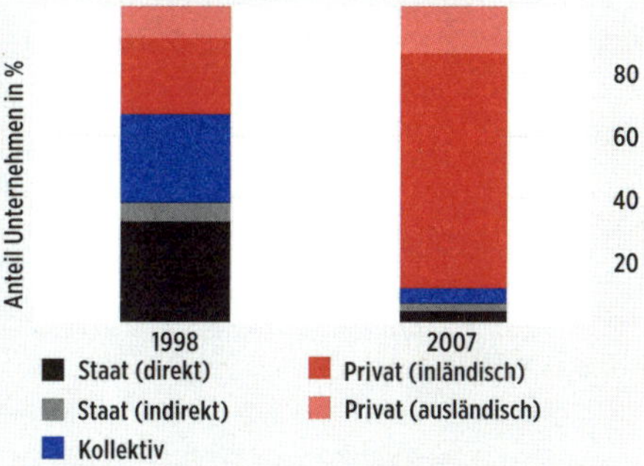

Chinas Aufschwung geht einher mit dem stetigen Rückzug des staatlichen Einflusses auf seine Unternehmen. Rund 90 Prozent der Unternehmen sind heute privatwirtschaftlich organisiert und erarbeiten knapp die Hälfte der chinesischen Wertschöpfung.

Quelle: OECD

rungspolitik, der Investitionspolitik, der Telekommunikation, den Medien, dem Finanz- und Energiesektor ist die Liberalisierung wenig fortgeschritten. Kapitalausfuhrkontrollen bleiben bestehen, ebenso Preiskontrollen für Energie, Wasser und Elektrizität. Privater Landbesitz im eigentlichen Sinne ist noch immer nicht möglich.[30]

Aus pragmatischer Sicht kam China diese Kontrollpolitik bei der Bewältigung der Krise zugute. Der Finanzsektor war international weniger vernetzt, und der höhere Grad an staatlicher Steuerung erlaubte eine umfassendere, gezieltere und raschere Reaktion als in den OECD-Ländern. Um jedoch weiter zu wachsen, vor allem im Finanzdienstleistungssektor, ist eine Liberalisierung in diesen Bereichen früher oder später unerlässlich.

Bauernsterben in China

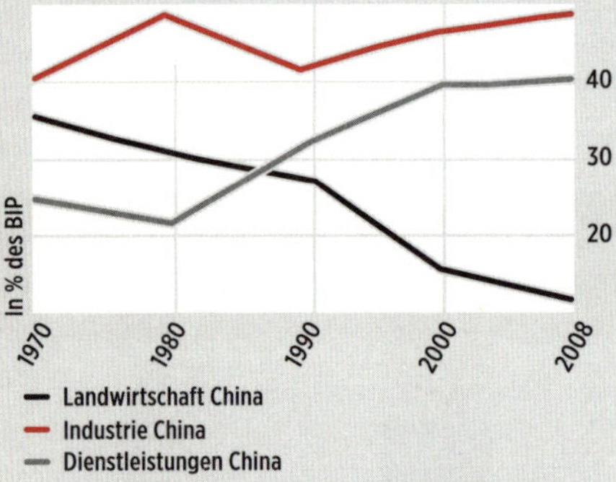

Der Anteil der Landwirtschaft am chinesischen BIP ging in vierzig Jahren von 35 auf rund 10 Prozent zurück (ähnlich wie in Indien). Die Industrie spielt in China eine wichtigere Rolle als in Indien, wo der Dienstleistungssektor die Wirtschaft bestimmt.

Quelle: Weltbank, eigene Darstellung

China wird zur Hightech-Exportmacht

In der ersten Phase der Globalisierung übernahm China die Rolle der globalen Werkstatt, vor allem als erfolgreiche Produktionsstätte für Lowtech-Industriegüter. Die Importanteile von Gütern chinesischer Herkunft haben sich in den USA, in Japan und der EU zwischen 1990 und 2004 vervierfacht. Die ausländischen Investitionen sind von wenigen Milliarden USD in 1990 auf über hundert Milliarden in 2008 gestiegen.[31] In dieser Zeit hat sich die Wirtschaft rasch diversifiziert und modernisiert [Grafik oben]. Nicht nur sind die Exporte insgesamt gestiegen, sondern auch deren Hightech-Anteil.

China ist heute die global führende Exportnation von ICT-Gütern *(Information and Communication Technology)* und hat dabei die USA, Japan, die EU und Korea weit hinter sich gelassen [Grafik rechts].

ICT Startup China

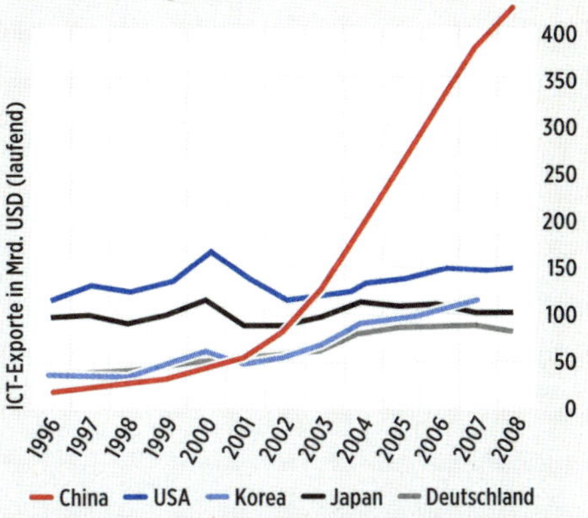

China hat innerhalb eines Jahrzehnts seine ICT-Exporte um das Achtfache gesteigert und damit sämtliche Konkurrenten aus dem OECD-Raum in diesem zukunftsentscheidenden Industriebereich weit hinter sich gelassen.

Quelle: OECD

China produziert nicht nur 40 Prozent des Stahls weltweit, sondern heute auch fast 25 Prozent aller Personenfahrzeuge (USA: 6 Prozent).[32] Allerdings handelt es sich bei den meisten klassischen Exporten (Textilien, Spielzeuge, Elektronikgüter, Fahrzeuge) um veredelte exportierte Importe nicht-chinesischer Unternehmen. Von den 33 Prozent des BIP, welche die Exporte in China ausmachen, sind nur rund die Hälfte «chinesisch».[33] Bisher wurde China immer wieder vorgeworfen, geistiges Eigentum zu verletzen. Die eigenen Innovationsleistungen dürften über kurz oder lang dazu führen, dass auch China ein Interesse am wirksamen Schutz geistigen Eigentums entwickeln wird.

Chinas interne Ungleichheiten bleiben bestehen

Die chinesischen Superlative sind mit wichtigen Vorbehalten behaftet. Neben ungelösten ökologischen Problemen besteht die zurzeit vielleicht grösste Herausforderung in der internen Ungleichheit. Trotz grosser Bemühungen und erheblicher Armutsreduktion ist China noch immer wirtschaftlich in einen reichen, stark bevölkerten Osten mit seinen Millionenstädten,[34] einen armen, schwach besiedelten Westen und ein armes Mittelland unterteilt.

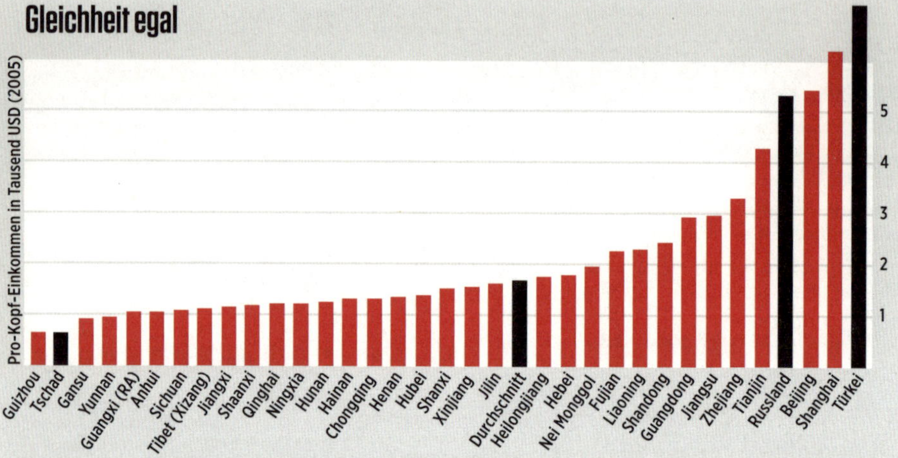

Quelle: Maddison/IWF, eigene Darstellung

Während in den modernen Grossstädten wie Bejing oder Shanghai das Pro-Kopf-Einkommen die Durchschnittswerte von Russland oder der Türkei erreicht (5000-6000 USD pro Kopf), lag es in der ärmsten Provinz Guizhou im Süden Chinas 2005 noch rund zehnmal tiefer (542 USD pro Kopf), auf der Höhe der ärmsten afrikanischen Entwicklungsländer wie des Tschad. Diese Unterschiede, gemessen am Gini-Koeffizient, sind durchaus vergleichbar mit der Ungleichheit der Einkommen in den USA, in Polen oder Italien. Die übrigen BRIC-Länder weisen höhere Ungleichheiten auf.

Während die Einkommen der Einwohner der Industriemetropolen Beijing und Shanghai sich mit denen des OECD-Mitglieds Türkei oder mit Russland vergleichen lassen, bewegen sich jene der ärmsten Provinzen auf der Höhe des Tschad, einem der ärmsten Länder Afrikas [Grafik oben].

Weiter steht China wie westliche Staaten vor einem rapiden Alterungsprozess. Die durchschnittliche Kinderzahl Chinas liegt unter dem Durchschnitt der OECD-Länder.[35] Die massive Arbeitsmigration von ländlichen Gebieten in die Städte – es handelt sich um die grösste Wanderung der neueren Menschheitsgeschichte[36] – hinterlässt ein wachsendes Problem ländlicher Altersarmut. Während die traditionelle finanzielle Unterstützung durch die Nachkommen mit der Urbanisierung zusehends erodiert, vermag das

BOX: GLOBALISIERUNG, DIE WIRKSAMERE ARMUTSBEKÄMPFUNG

Noch immer leben 1,4 Milliarden Menschen in totaler Armut (mit weniger als 1,25 USD/Tag), was rund 21 Prozent der Weltbevölkerung entspricht. 1981 betrug dieser Anteil 1,9 Milliarden oder 40 Prozent. Damit hat sich in den vergangenen beiden Jahrzehnten das tägliche Leben von Hunderten von Millionen Menschen verbessert, was auf einen Erfolg der Entwicklungszusammenarbeit hinzuweisen scheint. Bei genauerem Hinsehen zeigt sich jedoch, dass ein Grossteil dieses Erfolgs auf das Konto der beiden Länder China und Indien verbucht werden muss.

In diesen Ländern hat die Entwicklungszusammenarbeit nur eine marginale Rolle gespielt. Viel wichtiger waren die Strategien der beiden Regierungen, sich durch eine langfristige, stabile Politik, verlässliche Institutionen und eine führende Rolle des Privatsektors in die Weltwirtschaft zu integrieren. Dass dieser Wachstumspfad nicht nur grossen Akteuren vorbehalten ist, zeigen Beispiele wie Mauritius oder Chile. Die Zentren der Armut befinden sich heute noch vorwiegend in Subsahara-Afrika und in wenigen Ländern Südasiens und Lateinamerikas. Die Höhe der Entwicklungsleistungen pro Kopf der Bevölkerung ist gerade in den ärmsten Ländern Subsahara-Afrikas* seit Jahren ausgesprochen hoch, ohne jedoch die Armut wesentlich verringert zu haben. Dieser Tatbestand sowie die immer knapperen öffentlichen Ressourcen der OECD-Geberländer werden das grundsätzliche Überdenken der klassischen Entwicklungszusammenarbeit, das derzeit im Gange ist, beschleunigen.

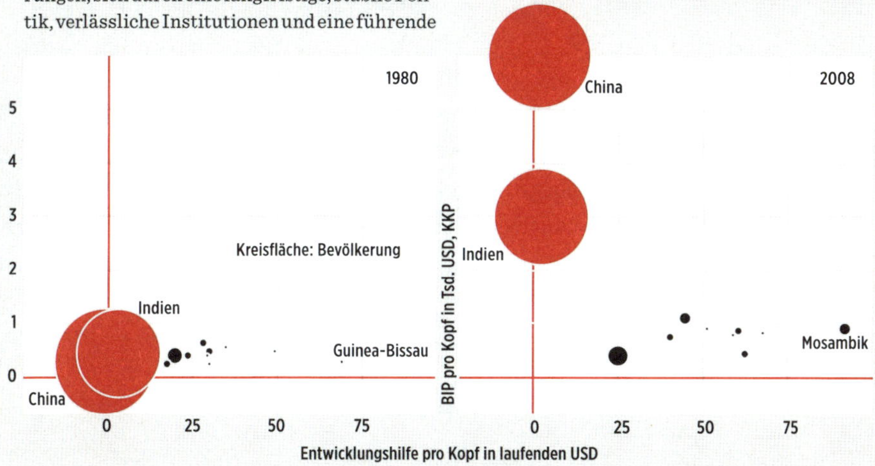

*Auswahl von zehn Ländern, die 2009 gemäss IWF die tiefsten BIP-pro-Kopf-Werte aufwiesen und in jüngster Vergangenheit nicht in Kriegswirren verwickelt waren: Burundi, Demokratische Republik Kongo, Guinea-Bissau, Malawi, Niger, Zentralafrika, Togo, Sierra Leone, Mosambik, Madagaskar.

Quelle: Weltbank, eigene Darstellung

zwischen ländlichen und städtischen Gebieten segmentierte, lückenhafte Geflecht von Rentensystemen das Problem nicht zu beheben.[37]

Ein spezielles Problem bleibt die umstrittene chinesische Währungspolitik. OECD-Länder, allen voran die USA, aber auch Schwellenländer, beklagen seit Längerem den als Exportsubvention wirkenden, künstlich tief gehaltenen Währungskurs gegenüber dem US-Dollar. Der tiefe Kurs wirkt auch gegen innen letztlich als Konsumsteuer für die eigene Bevölkerung, da Importe künstlich verteuert werden. In diesem Umfeld und angesichts fehlender Sicherheit im Alter wird die Sparrate Chinas unnatürlich hoch bleiben.[38] Die Weltwirtschaft wäre aber angesichts sinkender Konsumraten in den USA und in Europa dringend auf einen höheren Konsum der wachsenden Mittelklasse und einen Abbau der Währungsungleichgewichte angewiesen. Im Umfeld eines stetig steigenden internationalen Drucks hat China Mitte 2010 angekündigt, wieder zu einem flexibleren Wechselkursregime übergehen zu wollen *(managed floating),* und die Nationalbank hat zum ersten Mal seit rund zwei Jahren eine leichte Aufwertung seiner Währung zugelassen.[39]

So stehen den einmaligen Errungenschaften Chinas ebenso einmalige interne Herausforderungen gegenüber. Der Rest der Welt hat ein eminentes Interesse daran, dass es China gelingt, seine verschiedenen Identitäten, eine autoritäre Technokratie, eine rasch alternde Gesellschaft, ein einkommensschwaches Hinterland, eine wachsende urbane Mittelklasse und eine ungestüme, global orientierte Wirtschaft unter einen Hut zu bringen.

FAZIT

China ist innerhalb von drei Jahrzehnten vom Entwicklungsland zur weltweit grössten Wirtschaftsmacht neben den USA aufgestiegen. Dieser Erfolg ist das Resultat einer konsequenten Globalisierungsstrategie.

China hat sich vom Lieferanten von Lowtech-Massengütern zur führenden Exportnation von ICT-Gütern entwickelt. Die Hälfte aller Exporte sind veredelte Importe von nicht-chinesischen Unternehmen.

China weist eine sehr hohe interne Ungleichheit auf zwischen der modernisierten Küstenregion und dem einkommensschwachen Hinterland. Ländliche Armut, die rasche Alterung und die mangelnde soziale Absicherung sind Chinas grösste Herausforderungen für die Zukunft.

1 Im Rahmen dieses Buches bezieht sich der Begriff Globalisierung auf die Entwicklungen der Nachkriegszeit und lässt frühere Phasen der Globalisierung wie das Entdeckungszeitalter des 16. Jahrhunderts und die Internationalisierung der Wirtschaft als Folge der Industrialisierung im 19. Jahrhundert ausser Betracht.

2 Nach der Gründung der WTO 1995 begann 2001 die neunte Verhandlungsrunde (Doha-Runde). Diese so genannte «Entwicklungsrunde» sollte vor allem die Bedürfnisse der Entwicklungs- und Schwellenländer bei der Integration in den Welthandel berücksichtigen. Ein Abschluss war ursprünglich für 2005 geplant. Vor allem eine fehlende Einigung zwischen den USA und Indien im Agrargüterhandel blockiert bisher den Abschluss.

3 Die US-Lastwagen Firma *MacLean* erkannte 1954 als erstes Unternehmen das Potenzial des Frachtcontainers als standardisierte Universaltransportmöglichkeit. *MacLean* kalkulierte, dass der traditionelle Transport 5,83 USD pro (US-)Tonne kostete, gegenüber 0,16 USD mittels Container. Proteste von Hafenarbeitern, deren Arbeitsplätze durch die Innovation überflüssig wurden, begleiteten die Einführung. Marc Levinson, The Box: How the Shipping Container Made the World Smaller and the World Economy Bigger, Princeton University: 2006.

4 Dreiminutengespräch 1950-2007: Der Vergleich beruht auf einem Preisniveau des USD von 2005. OECD, Making Most of Globalisation, C/MIN(2007)1/ANN, OECD: 2007, S. 3.

5 2009 brach der Welthandel als Folge der Krise um 12 Prozent ein und sank somit auf den Stand von 2006. Er hat sich seither wieder erholt, vor allem aufgrund der asiatischen Märkte und als Resultat der umfassenden Stimulierungsprogramme. Diese Programme enthalten jedoch zum Teil auch neue Handelsbarrieren. Diese protektionistischen Massnahmen *(buy local,* Abwrackprämien, staatliche Stützung und damit Subventionierung einzelner Unternehmen) sind eine traditionelle Begleiterscheinung von Rezessionen. Die politische Führung befindet sich regelmässig im Politikdilemma zwischen dem Reflex, einerseits Arbeitsplätze kurzfristig zu schützen und andrerseits damit den freien Handel zu gefährden und der gesamten Wirtschaft langfristig zu schaden. WTO/OECD/UNCTAD, Report on G20 Trade and Investment Measures. September 2009 to February 2010.

6 OECD, Making Most of Globalisation, C/MIN (2007)1/ANN, OECD: 2007, S. 8.

7 Ernst zu nehmende Globalisierungskritiker analysieren zu Recht die unterschiedlichen institutionellen und finanziellen Voraussetzungen sowie die asymmetrischen Informationen. Die Globalisierung führte in vielen Entwicklungsländern zu einem selektiven Fortschritt oder bevorteilte mangels sozialer Verteilungsmechanismen nur eine Elite. Über das positive Potenzial der Globalisierung besteht heute jedoch auch unter kritischen Ökonomen ein breiter Konsens. Siehe zum Beispiel Joseph Stiglitz, Globalization and its Discontents, Penguin Books: 2002.

8 Für eine ausführliche Auseinandersetzung mit den Argumenten der Globalisierungsgegner siehe Martin Wolf, Why Globalization Works, Yale University Press: 2004, S. 138 ff.

9 Dieses Buch verwendet für Ländervergleiche vorwiegend Kaufkraftparitäten (KKP). KKP korrigieren die Währungskurse zu Marktpreisen um die nationalen Preisunterschiede für gleiche Güter. Das bedeutet, dass man mit einer bestimmten Geldsumme, anhand der KKP in Landeswährung umgerechnet, in allen Ländern den gleichen Waren- und Dienstleistungskorb kaufen kann. Diese Methode erlaubt aussagekräftige Wohlstandsvergleiche. Die Unterschiede zwischen Marktpreisen und KKP-Kursen sind erheblich. Die Schweiz sinkt aufgrund ihres hohen relativen Preisniveaus in BIP-Vergleichen zu KKP in der Regel zurück (siehe auch Grafiken S. 127 und 129).

10 Siehe dazu auch die Argumentation von Harold James, The Creation and Destruction of Value: The Glo-

balization Cycle, Harvard University Press: 2009, S. 1–4.

11 Das OECD Development Centre beobachtet seit 2000 zum ersten Mal seit den 1970er-Jahren eine Konvergenz der Pro-Kopf-Einkommen der ärmeren Entwicklungsländer mit den High-Income-Ländern, wiederum als Resultat der Integration in die Globalisierung und nicht primär als Folge der Entwicklungszusammenarbeit. OECD Development Center, Perspectives on Global Development 2010, Shifting Wealth, OECD: 2010, S. 36.

12 Der Ausdruck BRIC wurde 2001 erstmals in einem Bericht von Goldman Sachs vorgestellt. Der Autor wies auf die strategische globale Bedeutung dieser Ländergruppe hin. Jim O'Neill, Building Better Global Economic BRICs, Global Economics Paper No. 66, Goldman Sachs: 30.11. 2001.

13 The Economist, «A Special Report: A Bigger World. A Report on Globalisation», in: The Economist, 20.9.2008, S. 3.

14 Für eine Analyse der *Merger & Aquisitions*-Tätigkeiten von Unternehmen aus Schwellenländern siehe A.T. Kearney, The Rise of Emerging Markets in Mergers&Acquisitions, A.T. Kearney: 2008.

15 So verspricht zum Beispiel Brasilien, Portugal aus der Krise zu helfen. Neue Zürcher Zeitung, «Brasilien will «Mutterland» Portugal aus dem Sumpf ziehen», in: Neue Zürcher Zeitung, NZZ Online: 20.5.2010.

16 OECD, Staying Competitive in the Global Economy, OECD: 2008, S. 39.

17 Zu diesen beiden Typen gesellt sich zusehends eine dritte Kategorie, das Netzwerk, ein loser, punktuell und im Extremfall nur auf Zeit zusammenarbeitender Verbund von geografisch unabhängigen Einzelakteuren. Damit werden sich in Zukunft alte Probleme wie Besteuerung, Sozialversicherungen, Versicherungshaftung noch einmal neu stellen.

18 McKinsey Global Institute, Global Capital Markets: Entering a New Era, McKinsey & Company: September 2009, S. 7.

19 Eine entscheidende Rolle spielte die Aufhebung des *Glass-Steagall Act* in den USA 1999. Er wurde in zwei Bundesgesetzen 1932 und 1933, nach der damaligen Finanzkrise, von US-Präsident Theodor Roosevelt erlassen, um Banken vor riskanten Spekulationen zu schützen. Das Gesetz ordnete unter anderem eine Trennung von Geschäftsbanken und Investmentbanken an. 1999 wurde das Gesetz von Präsident Bill Clinton als unzeitgemäss aufgehoben.

20 Die «Tiefe» der Finanzmärkte bemisst sich gemäss McKinsey nach dem Verhältnis der «financial assets» zum BIP. Im Jahre 2000 erreichten erst elf nationale Märkte eine Tiefe von 350 Prozent des BIP, 2007 waren es 25, darunter China und Südafrika. McKinsey Global Institute, Global Capital Markets: Entering a New Era, McKinsey & Company: September 2009, S. 8.

21 Martin Wolf, «Unfettered Finance is Fast Reshaping the Global Economy», in: Financial Times, 18.6.2007.

22 Homi Kharas, The Emerging Middle Class in Developing Countries, Working Paper No. 285, OECD Development Center: September 2009.

23 Verantwortlich für dieses Wachstum sind neben Indien und China sechs weitere rasch wachsende Länder: Ägypten, Indonesien, der Iran, Mexiko, die Philippinen und Vietnam.

24 Goldman Sachs, The Expanding Middle: The Exploding World Middle Class and Falling Global Inequity, Economics Paper No. 170, Goldman Sachs: 7.7.2008.

25 Bereits heute sind die «Reichen» in Asien reicher als in Europa. Cap Gemini Merrill Lynch identifizieren sowohl im asiatisch-pazifischen als auch im europäischen Raum rund 3 Millionen *high net worth indivi-*

duals. Ende 2009 hielten diese in Asien insgesamt 9,7 Billionen USD verglichen mit 9,5 Billionen USD in Europa. Cap Gemini Merrill Lynch Wealth Management, World Wealth Report 2010, Merrill Lynch and Cap Gemini, S. 4–5.

26 Reales BIP-Wachstum: 2006: 11,6 Prozent; 2007: 13,0 Prozent; 2008: 9,0 Prozent; 2009: 8,3 Prozent; 2010: 10,2 Prozent. OECD, Economic Surveys: China 2010, OECD: 2010, S. 30.

27 IMF, World Economic Outlook Database, April 2010, www.imf.org.

28 Exporte Januar bis November 2009: Deutschland 1020 Milliarden USD, China 1070 Milliarden USD, Financial Times, 8.1.2010.

29 OECD, Economic Surveys: China 2010, OECD: 2010, S. 106.

30 In städtischen Gebieten gehört Land dem Staat, in ländlichen Gebieten einem Dorfkomitee, das einzelnen Familien vertragliche Gebrauchsrechte einräumt.

31 OECD, Economic Surveys: China 2010, OECD: 2010, S. 124.

32 OECD, Economic Surveys: China 2010, OECD: 2010, S. 24.

33 OECD, Economic Surveys: China 2010, OECD: 2010, S. 32.

34 Von den 62 Städten mit über drei Millionen Einwohnern liegen 13 in China. 2007 lebten 45 Prozent der chinesischen Bevölkerung in urbanen Regionen. Das Ziel der Regierung für 2050 liegt bei 70 Prozent. OECD, Economic Surveys: China 2010, OECD: 2010, S. 183.

35 Fertilitäts- und damit Bevölkerungsstatistiken in China sind notorisch ungenau. Die Fertilitätsrate dürfte zwischen 1,3 und 1,8 Kinder pro Frau liegen (offizielle Rate der chinesischen Behörden). OECD, Economic Surveys: China 2010, OECD: 2010, S. 181 ff.

36 Bisher sind 150 Millionen Menschen vom Land in die Städte gewandert, in den nächsten 20 bis 30 Jahren werden es noch einmal 300 Millionen sein. The Economist, «Briefing: Migration in China», in: The Economist, 8.5.2010, S. 25.

37 Die chinesische Bevölkerung ist nach einer aus den 1950er-Jahren stammenden Registrierung («hukou») in eine ländliche und eine städtische Kategorie eingeteilt, unabhängig vom aktuellen Wohn- oder Arbeitsort. Das «hukou» wird wie der schweizerische Bürgerort vererbt, allerdings in der mütterlichen Linie. An den Ort der ursprünglichen Meldung sind die wichtigsten staatlichen Leistungen (Zugang zu Schulen, Gesundheits- und Altersleistungen) geknüpft. Das resultiert insbesondere in einer Benachteiligung in der Ausbildung für Millionen von «ländlichen» Kindern in den Städten, den Nachkommen ehemaliger Arbeitnehmer. Die ursprüngliche Absicht war, eine grössere Migration der Bevölkerung in die Städte zu verhindern und die landwirtschaftliche Produktion zu erhalten. Aufgrund der immer lauteren Unzufriedenheit mit dem «hukou»-System ist eine Reform in Vorbereitung.

38 Die Sparrate der privaten Haushalte Chinas ist mit 20 Prozent rund dreimal so hoch wie der durchschnittliche OECD-Wert. Die Bruttosparrate (Haushalte, Unternehmen, Finanzinstitute, Regierung) beträgt 50,7 Prozent (Werte 2007). OECD, Economic Surveys: China 2010, OECD: 2010, S. 31.

39 Peter Fischer, «China verspricht Ende seiner Politik eines festen Wechselkurses», in: Neue Zürcher Zeitung, 21.6.2010.

DAS ALTERNDE ABENDLAND

Die Kombination von längerem Lebensalter und sinkender Kinderzahl, die sogenannte «doppelte Alterung», hat streng genommen nichts mit Globalisierung zu tun. Sie ist die Begleiterscheinung eines steigenden Wohlstandes, einer gesunderen Ernährung, einer umfassenderen Gesundheitspolitik, den Fortschritten in Wissenschaft, Technologie und Medizin und der Integration der Frauen in den Arbeitsmarkt. Alterung ist kein Novum, sondern begleitet die Geschichte.[1] In den letzten zwei Jahrhunderten hat sich die Lebenserwartung weltweit ungefähr verdoppelt. Der sprunghafte Anstieg des Wohlstands im OECD-Raum seit dem Zweiten Weltkrieg, angetrieben durch die Globalisierung, hat aber auch die Alterung der Gesellschaften entsprechend beschleunigt.

Noch vor einem guten Jahrzehnt waren diese demografischen Entwicklungen lediglich Gegenstand von akademischen Debatten. Das hat sich geändert, heute ist die doppelte Alterung eine der zentralen Herausforderungen der Politik. Ein Hauptgrund dafür liegt darin, dass die Gesundheits- und Rentensysteme, die in den OECD-Ländern in der Nachkriegszeit eingeführt und stetig ausgebaut wurden, der zukünftigen Altersstruktur der Gesellschaft kaum mehr Rechnung tragen. Sie enthalten Versprechen über zukünftige finanzielle Leistungen, die ohne Reformen nicht zu halten sind. Dazu kommt, dass alternde Gesellschaften auch wirtschaftlich langsamer wachsen werden. Erstens schwindet jener Teil, der das Wachstum treibt, die jüngere, arbeitende innovative Erwerbsbevölkerung, zweitens fällt ein immer grösserer Anteil des BIP für die Zahlung von Renten und Gesundheitskosten an, was höhere Abgaben und Steuern erfordert und damit weniger für Konsum übrig lässt, und drittens gehen die Sparleistungen mit steigendem Alter zurück. Damit stehen für wachstumsfördernde Investitionen immer weniger Mittel zur Verfügung. Unter Fortführung der gegenwärtigen Politik werden in den OECD-Ländern alle drei Produktionsfaktoren des Wachstums, Arbeit, Kapital und Technologie, durch die gesellschaftliche Alterung negativ beeinflusst. Man kann – ohne Reformen – nicht aus der Alterungsproblematik «herauswachsen». Einfach gesagt: ein immer grösserer Anteil des Kuchens wird von der älteren Bevölkerung beansprucht, und der Kuchen insgesamt wächst aufgrund der Alterung weniger schnell.

TREND: ALTERUNG

Um die Bedeutung der doppelten Alterung im Kontext der gegenwärtigen Globalisierung zu verstehen, ist jedoch eine weltweite Perspektive notwendig. Mit der zeitlichen Verzögerung des wachsenden Wohlstandes altern auch die Schwellen- und Entwicklungsländer.[2] Um 1900 betrug die Lebenserwartung in Europa und Nordamerika etwa 50 Jahre, in den Entwicklungsländern etwa 30 Jahre. Heute liegen die entsprechenden Werte bei 78 beziehungsweise 67 Jahren.[3] Diese Phasenverschiebung ist entscheidend. Sie bewirkt über die kommenden Jahrzehnte ein demografisches Ungleichgewicht zwischen verschiedenen Teilen der Welt, mit Auswirkungen auf Wachstum, Migration und Wohlfahrtssysteme und möglicherweise auf die internationale Sicherheit. Die Spannungen, Verschiebungen und Möglichkeiten, die sich aus dieser asynchronen Bewegung ergeben, verleihen der Globalisierung in ihrer zweiten Welle ein neues Gesicht.

Der Süden wächst, der Norden schrumpft

Die demografische Zusammensetzung der Weltbevölkerung verändert sich in den kommenden Jahrzehnten grundlegend [Grafik rechts]. Der relative Anteil der OECD-Bevölkerung verringert sich, jener der Entwicklungs- und Schwellenländer wächst entsprechend. Etwas vereinfacht gesagt, wird

Alter Norden, junger Süden

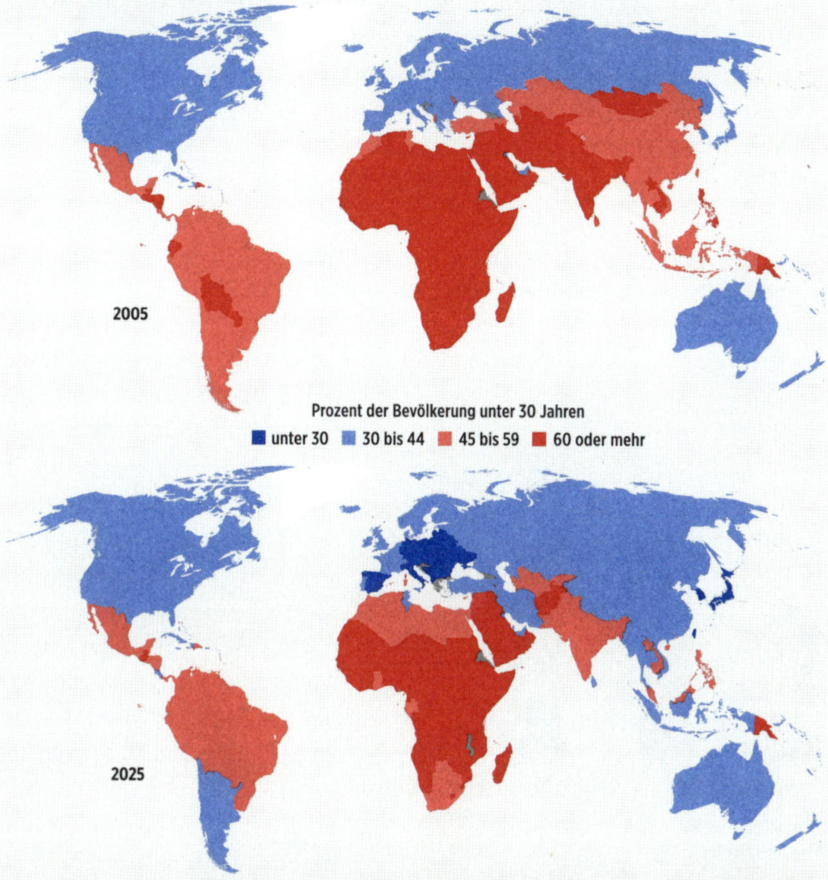

Die ganze Welt altert, aber die nördliche Hemisphäre altert schneller und früher als die südliche Hemisphäre. In vielen Ländern Europas, in Korea und in Japan werden 2025 weniger als 30 Prozent jünger als dreissig Jahre alt sein. In Subsahara-Afrika, auf der Arabischen Halbinsel und in einigen Ländern Südostasiens wird diese Altersgruppe 2025 noch immer mehr als 60 Prozent der Bevölkerung ausmachen. Im Gegensatz zu Indien altert Chinas Bevölkerung rasch. Indien wird China um 2025 als bevölkerungsreichstes Land der Welt ablösen.

Quelle: National Intelligence Council

die Erde 2025 demografisch aus einer schrumpfenden, älteren Nordhalbkugel und einer wachsenden noch immer jungen Südhalbkugel bestehen. In den meisten Ländern Europas, in Japan und Korea werden 2025 weniger als 30 Prozent der Bevölkerung weniger als 30 Jahre alt sein. In Subsahara-Afrika wird diese Altersgruppe noch immer über 60 Prozent der Bevölkerung ausmachen.

Die Bevölkerung von über 50 Entwicklungsländern (vor allem in Subsahara-Afrika) wird bis 2025 um über ein Drittel, in einigen sogar um doppelt so viel zunehmen. Angesichts der zurückbleibenden wirtschaftlichen Entwicklung bietet Subsahara-Afrika damit ein wachsendes globales Konfliktpotenzial. In Südamerika, im Nahen und Mittleren Osten und Südasien wird die Bevölkerung bis 2025 ebenfalls um ein Drittel wachsen. Indien trägt mit zusätzlichen 240 Millionen Menschen am meisten zu diesem Wachstum bei und wird 2025 rund 1,45 Milliarden Einwohner zählen. Damit wird es China als bevölkerungsreichstes Land ablösen. Die beiden Länder machen seit 1980 rund ein Drittel der Weltbevölkerung aus.

Demografische Umverteilung

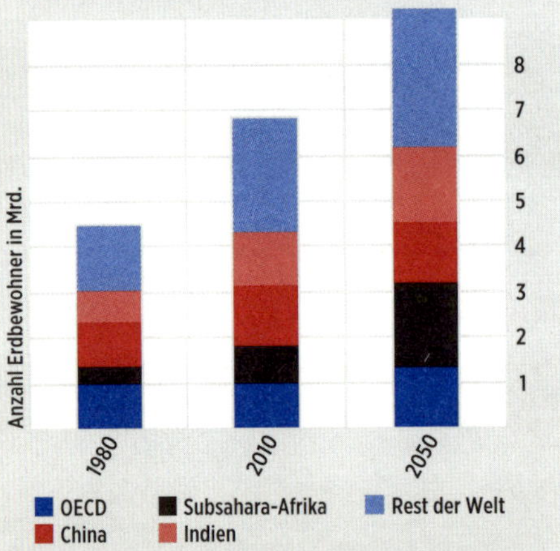

Bis 2050 wird die Weltbevölkerung auf rund 9 Milliarden zunehmen. Der Anteil von Indien und China, bisher rund ein Drittel der Weltbevölkerung, wird leicht abnehmen. Subsahara-Afrika wird seinen Anteil 2050 gegenüber heute fast verdoppeln.

Quelle: US Census Bureau, eigene Darstellung

Nur 3 Prozent des Bevölkerungswachstums findet im OECD-Raum statt, ein erheblicher Teil davon durch Zuwanderung. Zählten die OECD-Länder 1980 noch ein Viertel der Weltbevölkerung, werden es 2025 noch 16 Prozent sein. Nur wenige Länder mit hohen Einwanderungs- und Geburtenraten wie die USA, Kanada und Australien werden weiter wachsen, während die Bevölkerung Europas leicht abnehmen wird. Russland, die Ukraine, Italien und fast alle ost- und mitteleuropäischen Staaten werden besonders stark schrumpfen.

Insgesamt wird die Weltbevölkerung von gegenwärtig (2009) 6,8 Milliarden Menschen bis 2025 auf acht Milliarden und bis 2050 auf rund neun Milliarden zunehmen. Allerdings geht die Geschwindigkeit dieses Wachstums aufgrund der sinkenden Kinderzahlen leicht, aber stetig zurück. Im Nahen Osten und vor allem in China hat bereits eine starke Verlangsamung der Zunahme und ebenfalls eine stärkere Alterung eingesetzt.[4] Chinas Bevölkerung wird bis 2050 in absoluten Zahlen und als Anteil der Weltbevölkerung zurückgehen [Grafik links].

Babyboom wird zum Rentnerboom

In den meisten europäischen Ländern, auch in der Schweiz, ist die Fertilitätsrate unter 2,1 Kinder pro Frau gesunken. Bei dieser sogenannten Bestandserhaltungsquote bleibt eine Bevölkerung stabil. Dieser Rückgang verlief nicht gleichmässig. Nach dem Babyboom in den späten 1940er-Jahren nach dem Zweiten Weltkrieg und in den 1960er-Jahren liess die Verbreitung der Empfängnisverhütung und das steigende Alter der Frauen bei Erstgeburten die Kinderzahl rasch absinken. Allerdings spielen auch kulturelle und biologische Faktoren sowie staatliche Anreize, die Rolle der Frau im Erwerbsleben und die Möglichkeiten der Kinderbetreuung eine Rolle. Die wissenschaftlichen Meinungen über die massgebenden Einflüsse gehen weit auseinander. Relativ hohe Fertilitätsraten in Frankreich und in den nordischen Ländern, tiefe Fertilitätsraten in den mediterranen Ländern, gar eine Erhöhung in den USA, lassen unterschiedliche Schlüsse zu. Fest steht, dass bis zum Erreichen eines durchschnittlichen OECD-Pro-Kopf-Einkommens die Kinderzahl abnimmt, danach aber je nach Land andere Faktoren eine grössere Rolle spielen [Grafik Seite 54].

Making Money, Not Babies

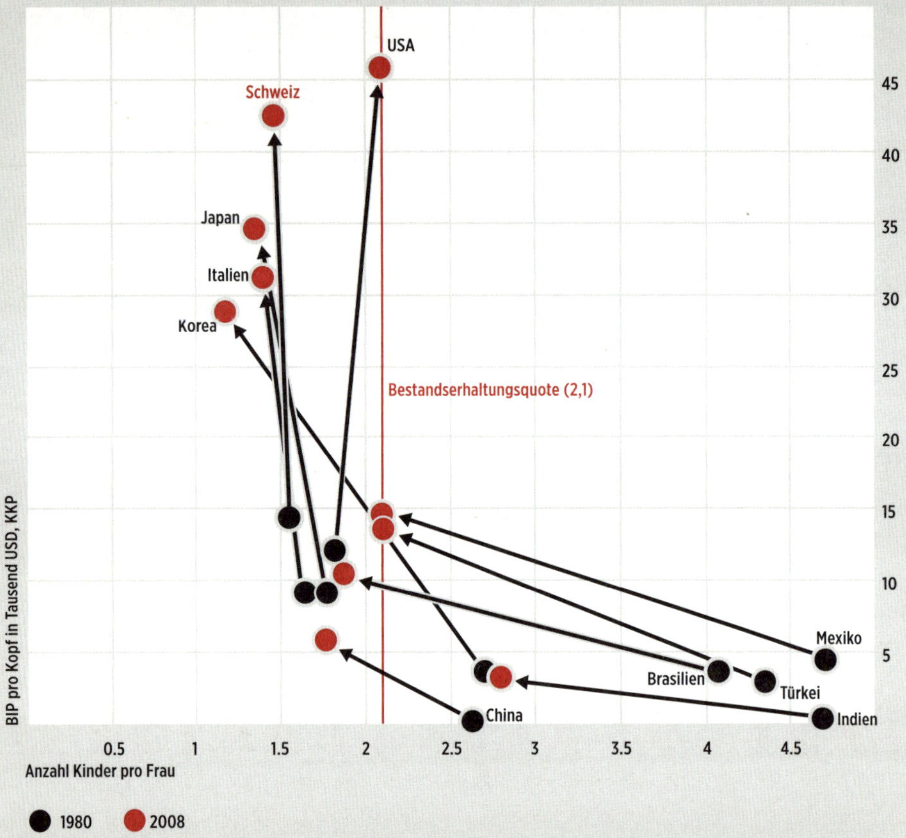

Quelle: Weltbank, eigene Darstellung

Mit höherem Wohlstand sinkt die Kinderzahl. In den wichtigsten Schwellenländern hat sich die Anzahl Kinder pro Frau (Fertilitätsrate) in den letzten zwei Jahrzehnten mit steigendem Einkommen halbiert. In den OECD-Ländern pendelte sich diese Entwicklung zwischen einem und zwei Kindern pro Frau ein. Damit liegt die Kinderzahl im OECD-Raum seit den 1970er-Jahren mit wenigen Ausnahmen unter der Bestandserhaltungsquote von 2,1 Kindern pro Frau. Dieser Wert wäre notwendig, um eine Bevölkerungszahl stabil zu halten.

In jedem Fall führt die Alterung in allen OECD-Ländern, aber auch in den Schwellenländern zu einem wachsenden Anteil der über 65-Jährigen. In den Mittelmeerländern Spanien, Italien, Griechenland, Portugal, aber auch in Deutschland wird diese Altersgruppe 2050 über ein Drittel der Bevölkerung ausmachen, in Korea und Japan fast 40 Prozent [Grafik unten].

Entsprechend der ansteigenden Geburtenzahlen in den späten 1940er- und frühen 1960er-Jahren steht nun 60 Jahre später im OECD-Raum ein eigentlicher Verrentungsschub bevor. Er nimmt in diesen Jahren seinen Anfang. Er wird sich über die nächsten Jahrzehnte als einmaliges Phänomen hinziehen und danach abflachen. Gegenwärtig beträgt das Verhältnis zwischen der Rentnergeneration (über 65 Jahre) und der arbeitenden Bevölkerung (15–65 Jahre) ungefähr 1:4. Im Jahre 2050 würde in Italien, Japan und Korea einem

Angegraute Mehrheiten

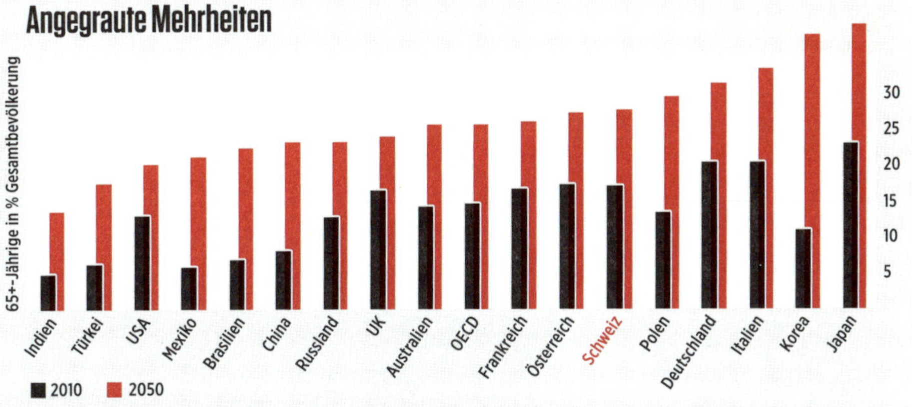

Heute sind in den OECD-Ländern zwischen 15 und 20 Prozent der Bevölkerung über 65 Jahre alt. Längere Lebenserwartung und geringere Kinderzahl lassen diesen Anteil bis 2050 auf 25 bis 35 Prozent anwachsen. In Korea wird sich die Zahl der über 65-Jährigen vervierfachen. In den Schwellenländern liegt der Anteil zwar deutlich tiefer. Er wird aber rascher zunehmen als im OECD-Raum und sich bis 2050 mehr als verdreifachen. In den USA und in Grossbritannien macht sich die doppelte Alterung dank höherer Kinderzahl weniger stark bemerkbar.

Quelle: OECD

Knappe Renten

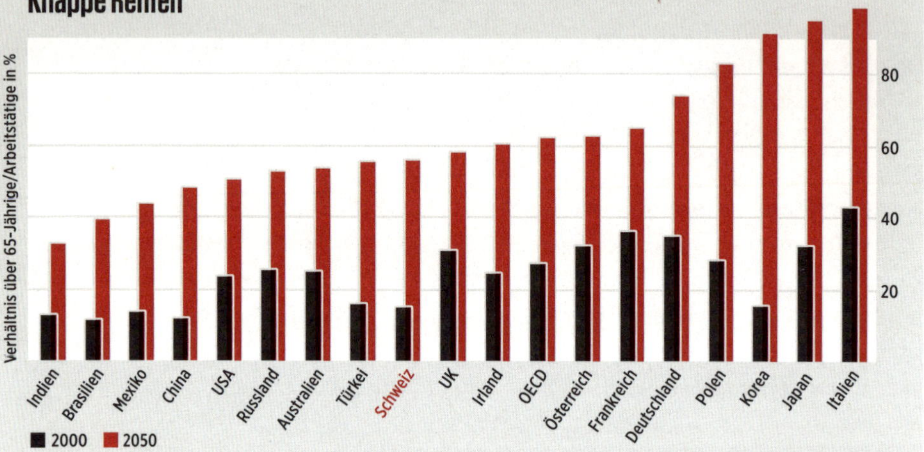

Standen im Jahr 2000 in den meisten OECD-Ländern einem Renter noch vier Arbeitstätige (in der Schweiz fünf) gegenüber, werden es 2050 weniger als zwei sein bei einem angenommenen Rentenalter von 65 Jahren. Italien hat dieses Verhältnis heute bereits beinahe erreicht. In Korea, Japan und Italien stünde 2050 ohne Reformen fast jedem Arbeitstätigen ein Rentner gegenüber. Die Schwellenländer gleichen sich rasch den OECD-Werten an. Umlagefinanzierte Renten (Typ AHV) sind angesichts dieser Entwicklung immer schwieriger zu finanzieren.

Quelle: OECD

Rentner noch ein Arbeitnehmer gegenüberstehen, in den meisten anderen Ländern, darunter in der Schweiz, wären es ungefähr zwei [Grafik oben]. Diese Berechnung setzt ein Rentenalter von 65 Jahren voraus, eine Annahme, die nicht realistisch ist. Zwar ist das Rentenalter noch vielerorts unterhalb dieser Schwelle, und überall ist eine Erhöhung naturgemäss ein sensibles Thema. Wer sich den Fakten der doppelten Alterung und der finanziellen Lage der Rentensysteme stellt, muss die Notwendigkeit von Anpassungen anerkennen. Von den drei möglichen Stellschrauben einer Reform, einer Erhöhung der Beiträge, einer Senkung der Leistungen und einer Erhöhung des Rentenalters, scheint die letztere sowohl aus Gerechtigkeits- als auch aus Effizienzgründen der gangbarste Weg.

Die OECD-Länder sind somit an einer demografischen Wasserscheide angelangt. Sogar wenn die tiefen Geburtenraten ab sofort steigen würden, bliebe der jetzige Trend für Jahrzehnte bestehen. Anders als bei den Folgen des Klimawandels sind sich die Wissenschaftler hier einig. Die sehr zahlreichen zukünftigen Rentner und die weniger zahlreichen Mütter von morgen sind bereits unter uns. Einzig die Migration könnte an diesem Trend kurzfristig noch etwas ändern. Allerdings müsste sich die Einwanderung verdoppeln oder in einzelnen Ländern verfünffachen, um das Verhältnis unter den Generationen zu erhalten.[5] Diese Option ist aus politischen Gründen kaum zu erwarten.

TREND: MIGRATION

Je nach Perspektive wird Zuwanderung oder Abwanderung als Segen oder als Bedrohung aufgefasst. Eine rasch steigende Bevölkerungszahl ist in Entwicklungs- und Schwellenländern immer dann ein Bonus, wenn entsprechende Ausbildungs- und Arbeitsmöglichkeiten bestehen. Das dürfte im Nahen und Mittleren Osten, in der Türkei und in den meisten asiatischen Ländern der Fall sein. In manchen Weltregionen fehlen diese Möglichkeiten noch weitgehend, insbesondere in Subsahara-Afrika. Auf dem afrikanischen Kontinent ist das Pro-Kopf-Einkommen am tiefsten und das Bevölkerungswachstum am höchsten. Die Abwanderung in die Städte oder über Landesgrenzen – in Gebiete mit höheren Verdienstmöglichkeiten oder nur schon höheren Überlebenschancen – ist eine natürliche Folge. Dieser Wanderungsdruck wird letztlich weder durch Verbote noch durch Mauern oder Zäune aufzuhalten sein.

Mobilität beschleunigt die weltweite Migration

Wo immer Menschen die Möglichkeit offensteht, durch Abwanderung ihre Lebensumstände zu verbessern, wird sie wahrgenommen. Das ist in allen

BOX: WACHSENDE BEVÖLKERUNG – BOOMENDE STÄDTE

2007 lebten 74 Prozent der Bevölkerung der industrialisierten Länder in Städten, in Nordamerika 81 Prozent. In Entwicklungsländern, wo Landwirtschaft als Lebensgrundlage noch eine grössere Rolle spielt, waren es 2007 nur 44 Prozent, in Afrika im Durchschnitt 39 Prozent. Die Verstädterung in Entwicklungsländern beschleunigt sich jedoch. Aufgrund der gegenwärtigen Entwicklungen werden 2025 rund 57 Prozent der Weltbevölkerung in Städten leben. Seit 2009 lebt bereits über die Hälfte der Weltbevölkerung in Städten.

Mit wenigen Ausnahmen (Tokio, Seoul, Greater New York, Los Angeles, Osaka, Greater London) befinden sich in Zukunft die Mega-Städte in Schwellen- und Entwicklungsländern, vor allem in Asien und Afrika. 2007 zählten 49 Agglomerationen mehr als zehn Millionen Einwohner. 2025 werden es bereits 75 sein, davon 41 in Asien und zehn in Afrika.

Die Verstädterung stellt vor allem in ärmeren Entwicklungsländern erhebliche Herausforderungen für die Transport-, Wasser- und Energieversorgung, sanitäre Infrastrukturen und Sicherheit. Städtische Arbeitslosigkeit, Umweltverschmutzung und Kriminalität werden zunehmen. Städtemanagement wird zu einer neuen massgebenden Herausforderung der Entwicklungszusammenarbeit.

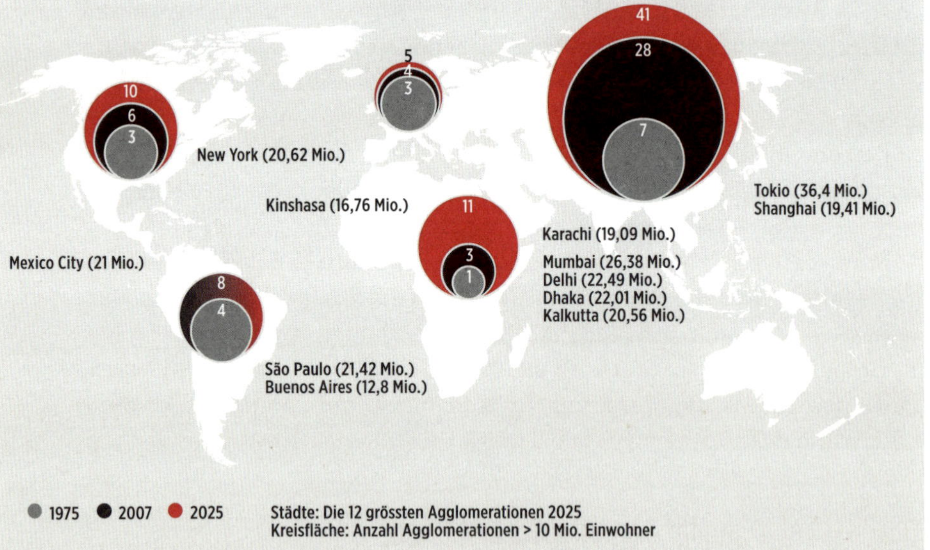

Quelle: UN Population Division, eigene Darstellung

Weltgegenden der Fall, nicht zuletzt seit Jahrhunderten auch in der Schweiz mit der Entleerung der Täler und der Abwanderung in die Metropolen.[6] Mit Sicherheit wird sich durch den Bevölkerungsdruck die Wanderung vom Land in die Städte [Box links] und von Entwicklungsländern in den OECD-Raum erhöhen. Auch China, Südindien, die Türkei, der Iran sowie der südliche, höher entwickelte und rascher alternde Teil Südamerikas werden einen Zuwanderungsdruck spüren, da ihre Arbeitsbevölkerung langsamer wächst und steigende Einkommen einen Anreiz bieten.[7] Die permanente Zuwanderung ist allerdings zahlenmässig geringer als gemeinhin angenommen – sie bewegt sich für fast alle OECD-Länder unter einem Prozent der Bevölkerung. 2008 zählten die OECD-Länder insgesamt eine permanente Zuwanderung von insgesamt 4,4 Millionen Menschen. Ein Viertel dieser Zuwanderer wählten die USA als Zielland.

Die Migrationsraten variieren unter den OECD-Ländern sehr stark und entwickeln sich in unterschiedliche Richtungen. Die Zuwanderung in die Schweiz ist im Vergleich zu ihrer Grösse relativ hoch (2008: 139 000), und übersteigt in absoluten Zahlen jene Japans (97 700 für eine Bevölkerung von 127 Millionen), das eine sehr restriktive Immigrationspolitik verfolgt. Damit entspricht die Zuwanderung in der Schweiz etwa 1,85 Prozent der Bevölkerung, einem der höchsten OECD-Werte. Zum Vergleich, 2008 bewegte sich die offizielle Zuwanderung in den USA um 0,36 Prozent der Bevölkerung.[8]

In einigen Ländern (Deutschland, Dänemark, Griechenland, Neuseeland) ging die Netto-Zuwanderung[9] gegenüber dem Ende der 1990er-Jahren zurück, in andern (Australien, Kanada, USA) nahm sie nur leicht zu. In einer dritten Gruppe (Spanien, Irland, Italien, Österreich) nahm sie rascher zu. Die Schweiz befindet sich im Mittelfeld. Ihre tiefe Migrationsrate Ende der 1990er-Jahre hat sich in den vergangenen Jahre rasch erhöht. Die Gründe für die jeweilige Ab- oder Zunahme sind unterschiedlich, abhängig vor allem von der jeweiligen Migrationspolitik, der wirtschaftlichen Anziehungskraft und der Geografie [Grafik unten]. Mit der Krise haben sich die Migrationstrends vorübergehend stark verändert. Nach vielen Jahren des Anstiegs ist die permanente Zuwanderung in die OECD-Länder 2008 zum ersten Mal nicht weiter gestiegen, sondern krisenbedingt rund 7 Prozent gefallen, von 4,76 auf 4,43 Millionen. Spanien, das in den Jahren zuvor eine sehr hohe Migrationsrate aufwies, verzeichnet zwischen 2007 und 2008 eine Abnahme um 43 Prozent, als Folge einer krisenbedingten, restriktiven Migrationspolitik. In anderen Ländern hat die Zuwanderung markant zugenommen, so auch in der Schweiz, die einen Anstieg von 14 Prozent gegenüber dem Vorjahr aufweist. Für 2009 wird allerdings auch die Schweiz einen Rückgang verzeichnen.[10]

Migranten-Mikado

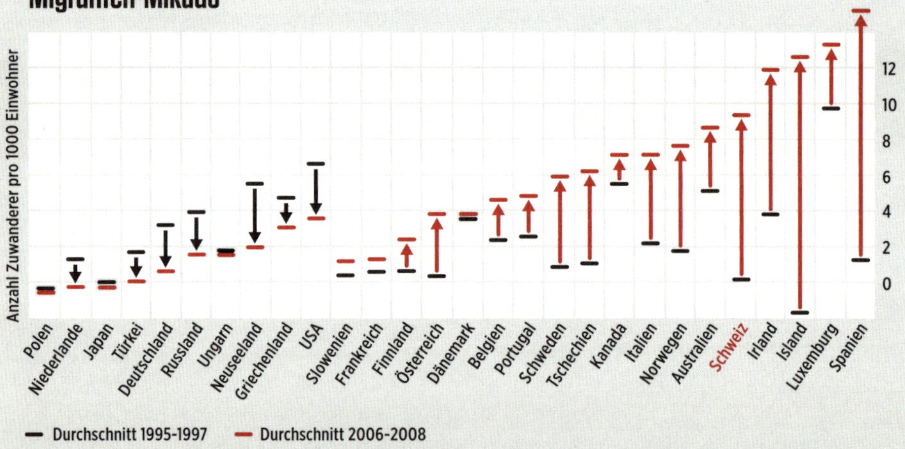

Das Niveau und die Trends der Zuwanderung im OECD-Raum sind je nach Land völlig unterschiedlich. Sie hängen ab von Geografie, Kulturnähe und der spezifischen Zuwanderungs-, Integrations- und Einbürgerungspolitik. Zudem verändern sich die Trends mit der jeweiligen wirtschaftlichen und politischen Lage in Aus- und Zuwanderungsländern. Die Schweiz gehört zu einer Gruppe von Ländern, in denen eine ursprünglich tiefe Netto-Zuwanderungsrate rasch zugenommen hat. In einer Reihe von Ländern nahm die Zuwanderung im vergangenen Jahrzehnt ab.

Quelle: OECD

Unterschiedliche Migrationspolitiken bestimmen Ausmass und Zusammensetzung der Zuwanderung

Der weitaus grösste Teil der Zuwanderung in den OECD-Ländern stammt aus anderen OECD-Ländern (in der Schweiz über drei Viertel). Als Folge der europäischen Integration und der Personenfreizügigkeit sind die Migrationsflüsse in erster Linie intraeuropäisch. Die europäischen Länder sind aber auch einem wachsenden Zuwanderungsdruck Afrikas ausgesetzt, das heisst in der Regel Bevölkerungsgruppen mit einem tiefen Ausbildungsgrad. Insgesamt nimmt die Zuwanderung in den OECD-Raum aus weiter entfernten Ländern zu. 2008 stammten die meisten Zuwanderer aus China (fast 10 Prozent der gesamten Zuwanderung aus dem Nicht-OECD-Raum). Indien kommt mit 3,9 Prozent an dritter Stelle nach Polen, gefolgt von Mexiko und Rumänien. Marokko kommt als erstes afrikanisches Land erst an sechster Stelle mit 3 Prozent.[11] Die grosse Unbekannte bei der Zuwanderung ist jedoch der Anteil der illegalen Migration, zu der die Schätzungen naturgemäss sehr weit auseinandergehen.[12]

Das Einwanderungsmuster Europas unterscheidet sich erheblich von jenem Nordamerikas, Australiens und Neuseelands. Diese OECD-Länder sind vor Längerem zu einer aktiven und selektiven Einwanderungspolitik übergegangen. Europas Einwanderungspolitik gegenüber Drittstaaten ist hingegen traditionell von einem Abwehrreflex geprägt. Die Resultate dieser beiden unterschiedlichen Ansätze sind erstaunlich. Die EU ist über die Jahre vor allem zu einem Ziel für weniger gut ausgebildete Zuwanderer aus dem Rest der Welt geworden.[13] Rund 85 Prozent aller Zuwanderer aus Entwicklungsländern in die EU gehören dieser Kategorie an. Umgekehrt nahm die USA rund 55 Prozent aller gut ausgebildeten Zuwanderer auf, die EU nur fünf Prozent.[14] Die OECD schätzt die Höhe der sich illegal im OECD-Raum aufhaltenden Zugewanderten auf 1 bis 4 Prozent der Gesamtbevölkerung in den jeweiligen Ländern.

SEITENBLICK: DIE SCHWEIZ

Wie in anderen OECD-Ländern hat sich die Höhe, die Zusammensetzung und der Altersaufbau der Bevölkerung in der Schweiz im Verlauf des vergangenen Jahrhunderts erheblich verändert. Die Einwohnerzahl hat sich von 3,3 Millionen um 1900 auf 7,8 Millionen im Jahre 2009 verdoppelt. Der Anteil der unter 20-Jährigen hat sich im gleichen Zeitraum von 40 auf 21 Prozent fast halbiert, jener der über 64-Jährigen von 6 Prozent auf 17 Prozent fast verdreifacht. Die Zahl der 80-Jährigen stieg von einem halben Prozent auf knapp fünf Prozent.[15]

Die beiden Babybooms der 1940er- und 1960er-Jahre haben auch in der Schweiz die Bevölkerungsentwicklung geprägt [Grafik unten]. Mit 82 Jahren[16] erreicht sie unter den OECD-Ländern nach Japan die höchste durchschnittliche Lebenserwartung. Die Zahl der über 100-Jährigen wird sich von 2010 bis 2030 von knapp 4000 auf über 13 000 mehr als verdreifachen [Grafik rechts].[17] Seit 1998 wächst die schweizerische Bevölkerung fast nur noch aufgrund der Einbürgerungen[18] und die Gesamtbevölkerung nur noch aufgrund der

Babyboom und Bust

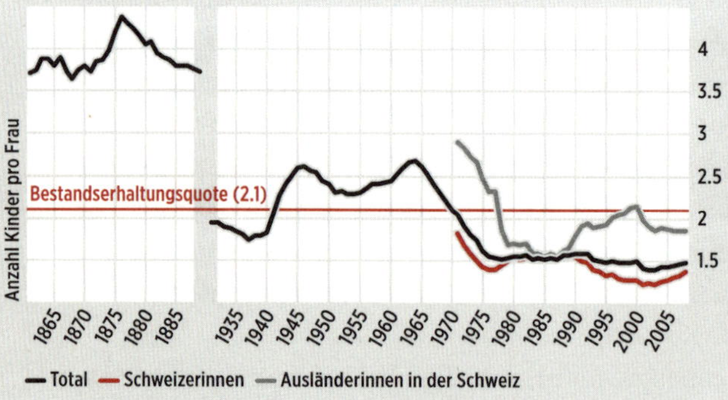

Quelle: OECD/Avenir Suisse

Wie in anderen OECD-Ländern hat auch in der Schweiz die Kinderzahl nach den beiden Babybooms abgenommen und liegt mit 1,48 weit unter der Bestandserhaltungsquote. Die Kinderzahl pro Frau der Zuwanderer gleicht sich dem Durchschnitt an. Ob die Zunahme der schweizerischen Kinderzahl 2008 und 2009 einen neuen Trend vorgibt, bleibt abzuwarten.

Zuwanderung.[19] Im Jahre 2009 ist die Gesamtbevölkerung noch einmal um 1,1 Prozent gewachsen. Diese Zunahme gegenüber dem Vorjahr um 84 000 Personen ist wiederum hauptsächlich auf die Zuwanderung (74 000 Personen) zurückzuführen.

Hundert Jahre und noch mehr

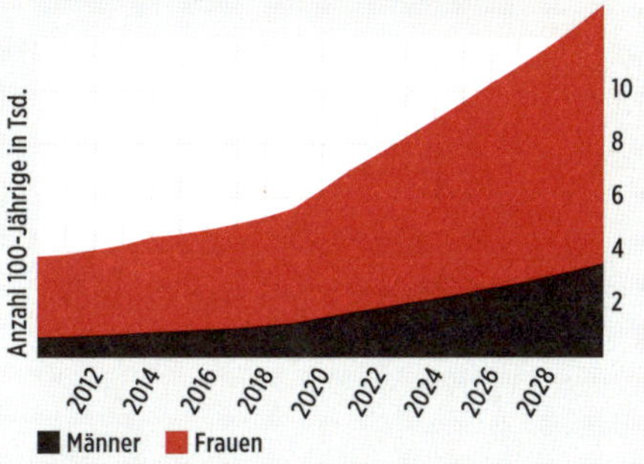

Die Alterung führt dazu, dass die Zahl der über 100-Jährigen in der Schweiz stark zunimmt, von derzeit knapp 4000 auf über 13 000 Personen im Jahre 2030. Aufgrund der längeren Lebenserwartung sind darunter rund dreimal so viel Frauen wie Männer.

Quelle: BfS, eigene Darstellung

Die Kinderzahl pro Frau ist seit Ende des 19. Jahrhunderts ständig gesunken und liegt mit 1,48 Kinder pro Frau (2008)[20] weit unter der Bestandserhaltungssquote von 2,1. Entsprechend hat sich zwischen 1900 und 2008 die Zahl der Jugendlichen unter zwanzig Jahren von 40,7 Prozent auf 21,2 Prozent knapp halbiert.[21] Ob die seit einigen Jahren wieder höhere Kinderzahl einer Trendwende entspricht, lässt sich heute noch nicht sagen.

Die Reformen der Alterssicherungs- und Gesundheitssysteme, die auch in der Schweiz notwendig sind, treffen mit der direkten Demokratie auf eine zusätzliche Hürde. Heute sind in der Schweiz bereits 40 Prozent aller Stimmbürger und Stimmbürgerinnen über 55 Jahre alt, um 2025 werden es mehr als die Hälfte sein. Diese Gruppe weist zudem traditionell eine höhere Stimmbeteiligung auf. Damit werden Reformen der Alterssicherung immer stärker davon abhängig sein, dass jene Generationen, die als aktuelle oder baldige Bezüger davon profitieren, gegen ihre kurzfristigen materiellen Interessen stimmen.

Die Schweiz gilt als klassisches Zuwanderungsland mit dem höchsten Ausländeranteil im OECD-Raum nach Luxemburg (2008: 22,6 Prozent).[22] Die

Neue Heimat

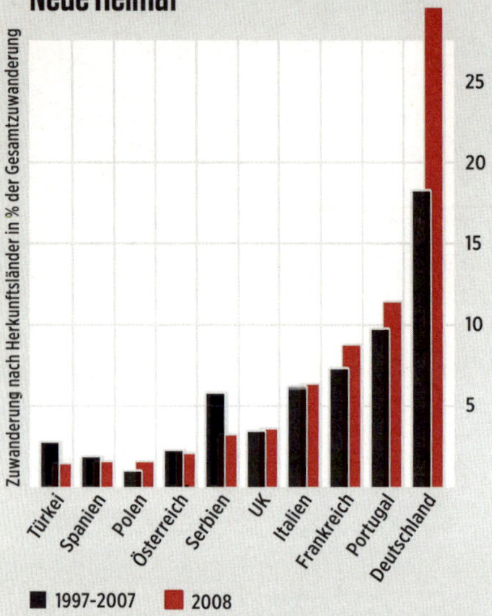

Deutschland, Portugal, Frankreich und Italien sind traditionell die wichtigsten Herkunftsländer von Zuwanderern in die Schweiz. Das ehemalige Jugoslawien, in den 1990er-Jahren ein wichtiges Herkunftsland, hat diesbezüglich an Bedeutung verloren.

Quelle: OECD

wichtigsten Herkunftsländer sind traditionell Deutschland, Portugal, Frankreich und Italien [Grafik links]. Die Zahl der Zuwanderer aus dem ehemaligen Jugoslawien, in den 1990er-Jahren eine der wichtigsten Herkunftsregionen, hat stark abgenommen. Rund 30 Prozent der Einwohner in der Schweiz über 15 Jahren besitzt einen Migrationshintergrund. Ein Drittel davon verfügt über die schweizerische Staatsbürgerschaft. Vier Fünftel der Personen mit Migrationshintergrund sind Zuwanderer der ersten Generation, ein Fünftel ist in der Schweiz geboren. Im OECD-Vergleich wird die Schweiz als Beispiel einer besonders gelungenen Integration angeführt. 82 Prozent der in den letzten zehn Jahren Zugewanderten verfügen entweder über einen Lehrabschluss, eine Matur oder ein Studium. Ausländische Arbeitskräfte bilden 27 Prozent der schweizerischen erwerbstätigen Bevölkerung, im Industriesektor sogar 36 Prozent (Dienstleistungssektor 26 Prozent).

In den letzten sechs Jahren fand im Zusammenhang mit der Personenfreizügigkeit eine markante Wende hin zu einer «Neuen Zuwanderung»[23] statt. Rund zwei Drittel der ausländischen Arbeitskräfte stammen aus einem EU/EFTA-Land darunter eine wachsende Anzahl hoch qualifizierter Arbeitskräfte, vor allem aus Deutschland.[24]

FAZIT

Die doppelte Alterung, weniger Geburten und eine längere Lebenserwartung sind die natürlichen Folgen höheren Wohlstands. Die Bevölkerung in Europa und Japan stagniert, in Nordamerika nimmt sie weiter leicht zu.

Indien wird China um 2025 als bevölkerungsreichstes Land ablösen. Afrikas Bevölkerung wird sich bis 2050 verdoppeln und ein Fünftel der Weltbevölkerung ausmachen.

Die Zuwanderung aus ärmeren Ländern, insbesondere aus Afrika, wird in Europa zunehmen, ohne jedoch die Bevölkerungstrends wesentlich zu verändern. Nordamerika und Australien ziehen die Mehrheit hoch qualifizierter Zuwanderer an.

Weiterführende Literatur:

George Magnus: The Age of Ageing – How Demographics are Changing the Global Economy and Our World (2009)

David E. Bloom, David Canning, Günther Fink: Population Aging and Economic Growth. Commission on Growth and Development. Working Paper n°32 (2008)

Brian Keeley: International Migration: The Human Face of Globalisation, OECD (2009)

1 Für eine faszinierende Schilderung, welche Auswirkungen technologische Neuerungen, die Einführung von Seife oder die Umstellung von Wolle- auf Baumwollunterwäsche auf die Lebenserwartung und die Entwicklung der Kulturen haben kann, siehe: David Landes, The Wealth and Poverty of Nations. Introduction, Abacus: 1998.

2 Die Alterung bevölkerungsreicher, aber armer Entwicklungsländer ist ein noch wenig beachtetes Phänomen. Um das Jahr 2050 werden in ärmeren Ländern rund 1,5 Milliarden Menschen über 60 Jahre alt sein, ohne formale Alters- oder Gesundheitsversorgung. The Economist, «A Slow-Burning Fuse: A Special Report on Ageing Populations», in: The Economist, 27.6.2009, S. 4.

3 The Economist, «A Slow-Burning Fuse: A Special Report on Ageing Populations», in: The Economist, 27.6.2009.

4 Sämtliche Daten für diesen Abschnitt stammen aus: National Intelligence Council, Global Trends 2025: A Transformed World, National Intelligence Council: 2008, S. 19 ff.

5 National Intelligence Council, Global Trends 2025: A Transformed World, National Intelligence Council: 2008, S. 21.

6 Auch der Finanzausgleich unter den Regionen und Kantonen hat an dieser Entwicklung nichts geändert. 1930 lebten nur 36 Prozent der Bevölkerung in städtischen Räumen, 2008 mit 73,6 Prozent rund doppelt so viel. Bundesamt für Statistik, Statistisches Jahrbuch der Schweiz 2010, Verlag Neue Zürcher Zeitung: 2010, S. 26.

7 National Intelligence Council, Global Trends 2025: A Transformed World, National Intelligence Council: 2008, S. 23.

8 Alle Daten aus: OECD, International Migration Outlook 2010, OECD: 2010, S. 26 ff.

9 Die Netto-Zuwanderung berechnet sich aus der Zunahme der permanenten Zuwanderung minus der Abnahme durch Abwanderung.

10 Alle Daten aus: OECD, International Migration Outlook 2010, OECD: 2010, S. 26 ff. und S. 244 f.

11 OECD, International Migration Outlook 2010, OECD: 2010, S. 36.

12 OECD-Schätzung für einzelne Länder: USA 4 Prozent, Griechenland 3,4 Prozent, Spanien 1,6 Prozent, Japan und Australien 0,2 Prozent, Zahlen für 2005. Brian Keeley, International Migration: The Human Face of Globalisation, OECD Insights: 2009, S. 44.

13 Franco Frattini, EU Comissioner for Justice, Freedom and Security, «The Future Development of EU Migration Policy», Ansprache in Brüssel SPEECH/07/471, 3.7.2007.

14 Brian Keeley, International Migration: The Human Face of Globalisation, OECD Insights: 2009.

15 Bundesamt für Statistik. «Abnahme der Einwanderung in die Schweiz 2009», Medienmitteilung 24.8.2010, www.bfs.admin.ch.

16 Lebenserwartung Männer: 79,9 Jahre; Lebenserwartung Frauen 84,4 Jahre (Stand 2008). Bundesamt für Statistik, Die Bevölkerung der Schweiz 2008, www.bfs.admin.ch.

17 Gemäss dem «mittleren Bevölkerungsszenario» A-00-2010 des Bundesamtes für Statistik.

18 Im Jahre 2008 erwarben 2,8 Prozent der ausländischen Mitbürger das schweizerische Bürgerrecht. Die Einbürgerung erscheint in der Statistik als Abwanderung respektive als Zunahme der einheimischen Bevölkerung. Bundesamt für Statistik, Statistisches Jahrbuch der Schweiz 2010, Verlag Neue Zürcher Zeitung: 2010, S. 26.

19 Seit Jahren wandern jährlich netto zwischen 5000 und 10 000 Schweizer Bürger aus (2008: 5196). Bundesamt für Statistik, Die Bevölkerung der Schweiz 2008, www.bfs.admin.ch.

20 Bundesamt für Statistik, Indikatoren der Fruchtbarkeit in der Schweiz 1950-2050. www.bfs.admin.ch.

21 Bundesamt für Statistik, Statistisches Jahrbuch der Schweiz 2010, Verlag Neue Zürcher Zeitung: 2010, S. 26.

22 Bundesamt für Statistik, Wohnbevölkerung nach detaillierter Staatsangehörigkeit 1995-2008, www.bfs.admin.ch.

23 Siehe auch Daniel Müller-Jentsch/Avenir Suisse (Hrsg), Die Neue Zuwanderung: Die Schweiz zwischen Brain-Gain und Überfremdungsangst, Verlag Neue Zürcher Zeitung: 2008.

24 Bundesamt für Statistik, Taschenstatistik der Schweiz 2010, BFS: 2010, S. 12.

DER GLOBALE ARBEITSMARKT

Nirgendwo ist die Skepsis gegenüber der Globalisierung grösser als im Bereich des Arbeitsmarkts. Die Bedenken gegenüber offenen Grenzen und steigender Zuwanderung, die Befürchtungen vor der Auslagerung von Arbeitsplätzen, vor «Dumpinglöhnen» und «Dumpingpreisen»[1] haben die Globalisierung seit ihren Anfängen begleitet. Dabei folgt die Rhetorik verständlicherweise der wirtschaftlichen Konjunktur. In Wachstumsphasen schätzen Konsumenten die tiefen Preise und die grössere Produktauswahl, in Abschwüngen fürchten Arbeitnehmer jedoch den Wettbewerb um Arbeitsplätze, den die Globalisierung erlaubt und fördert. Die rasch steigende Arbeitslosigkeit als Folge der besonders starken jüngsten Rezession konfrontiert die Politik in vielen Ländern einmal mehr mit dem Dilemma zwischen ökonomischer Logik und politischer Realität: das langfristige Wachstum durch möglichst offene Märkte zu erhalten oder dem unmittelbaren Druck der Wähler nachzugeben, eigene Unternehmen und Arbeitsplätze vor dem internationalen Wettbewerb zu «schützen».[2]

Aber auch ungeachtet der Krise hat die zweite Welle der Globalisierung diese politischen Reflexe aus zwei Gründen zusätzlich geschürt. Erstens hat sich mit der Integration Chinas und Indiens die Zahl der globalen Arbeitskräfte in den letzten beiden Jahrzehnten vervierfacht (siehe unten).[3] Zweitens hat in der gleichen Zeitperiode der technologische Fortschritt in einem Quantensprung, vor allem dank Internet, die Auslagerung von zahlreichen Arbeitsprozessen ermöglicht, die bisher als «sicher» und nicht handelbar galten. Das Offshoring von Callcentern und Reservationssystemen, von Accountingabteilungen und Softwareherstellern, von Ingenieurwesen und Architekturbüros sind nur einige Beispiele der neuen Mobilität. Immer neue Bereiche kommen dazu. Sind die Ängste also berechtigt? Nach einigen Jahrzehnten Globalisierung besteht eine solide Basis von statistischen Daten, um eine Zwischenbilanz zu ziehen. Das Fazit: Die Globalisierung hat in der Tat den Arbeitsmarkt in seinen Grundfesten verändert, aber die «gefühlten» Bedrohungen durch die Globalisierung stimmen mit den Statistiken nicht überein.

TREND: BESCHÄFTIGUNG

Es trifft zwar zu, dass in allen OECD-Ländern fortwährend Arbeitsplätze an das Ausland verloren gehen. Fallende Transport- und Kommunikationskosten und die Aufspaltung in Wertschöpfungsketten haben eine immer tiefere globale Arbeitsteilung geschaffen. Das bedeutet aber nicht zwingend, dass damit höhere Arbeitslosigkeitsraten verbunden sind. In der Regel ist das Gegenteil der Fall.

Globalisierung schafft «netto» Arbeitsplätze

Wie ist das möglich? Die Erklärung liegt darin, dass eine Strukturbereinigung – die Schliessung von nicht mehr konkurrenzfähigen Unternehmen oder die Verlagerung von unproduktiven Arbeitsplätzen in andere Regionen und Länder – «netto» mehr neue Arbeitsplätze schafft als alte zerstört. Entgegen der verbreiteten Meinung zeigen die Daten, dass Öffnung, Handel, Wettbewerb, Liberalisierung und Migration in den OECD-Ländern insgesamt nicht zu weniger, sondern zu mehr Arbeitsplätzen führten.[4]

Obwohl in der politischen Debatte ein Verlust von industriellen Arbeitsplätzen oft und gerne mit der Verlagerung in «Billiglohnländer» erklärt wird, weigern sich die Statistiken, das zu bestätigen. Im gesamten OECD-Raum ist keine Korrelation zwischen Auslandsinvestitionen und tieferer Beschäftigungslage im Kapitalexportland feststellbar [Grafik rechts]. Stärkeren Einfluss auf die Höhe der Beschäftigung und auf die Arbeitslosigkeit haben unterschiedliche nationale Arbeitsmarktregelungen und eine gezielte Bildungspolitik. So ist erklärbar, dass OECD-Länder mit vergleichbarem Entwicklungsstand und einem ähnlichen Öffnungsgrad unterschiedliche Arbeitslosenquoten aufweisen.

So sind zum Beispiel im flexiblen Schweizer Arbeitsmarkt Kündigungen zwar im Abschwung leicht möglich, aber Unternehmen zögern nicht, im Aufschwung rasch und unkompliziert wieder einzustellen. Regimes wie in anderen Ländern,

Ein gesuchter Zusammenhang

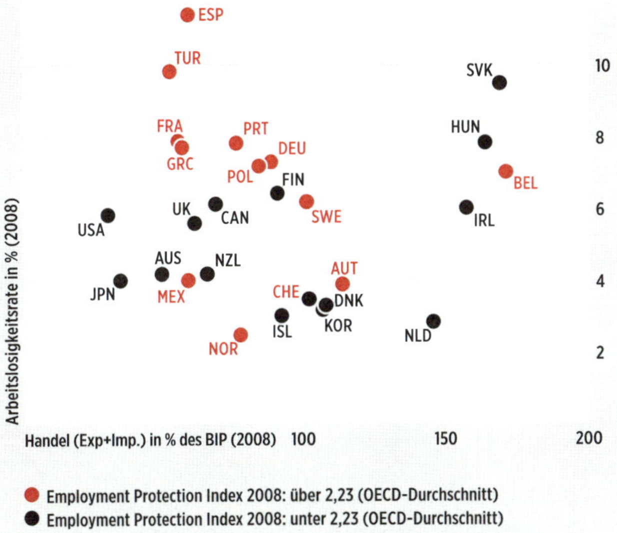

In der politischen Diskussion wird freier Handel oft für den Verlust von Arbeitsplätzen verantwortlich gemacht. Zwischen den beiden Grössen lässt sich jedoch kein statistischer Zusammenhang herstellen. Deutlicher zu erkennen ist hingegen die Beziehung zwischen hoher Arbeitslosigkeit (obere Hälfte des Diagramms) und einem hohen Arbeitnehmerschutz (rot). So führen rigide Arbeitsmärkte in der Regel zu höherer Arbeitslosigkeit. Umgekehrt lässt sich die Arbeitslosigkeit durch flexible Arbeitsmärkte und Lohnstrukturen dämpfen (siehe auch S. Wyss, WWZ Basel).

Quelle: OECD, eigene Darstellung (Abkürzungen siehe Seite 178)

die der politischen Versuchung erliegen, Arbeitsplätze zu «schützen»,[5] zahlen einen dreifachen Preis: erstens durch eine verlangsamte Strukturanpassung (geschützte Unternehmen spüren weniger Modernisierungsdruck), zweitens durch einen suboptimalen Einsatz der Arbeitskräfte in Unternehmen (der Personalbestand kann den eigentlichen Bedürfnissen nicht angepasst werden), drittens durch eine höhere Langzeit- und Jugendarbeitslosigkeit (jobsuchende «Outsider» sind gegenüber den geschützten «Insidern» benachteiligt).

Innovation «zerstört» Arbeitsplätze

Die unmittelbare «Schuld» am Verlust von Arbeitsplätzen in OECD- und Schwellenländern trägt bei genauem Hinsehen nicht die Globalisierung,

Industrielle Devolution

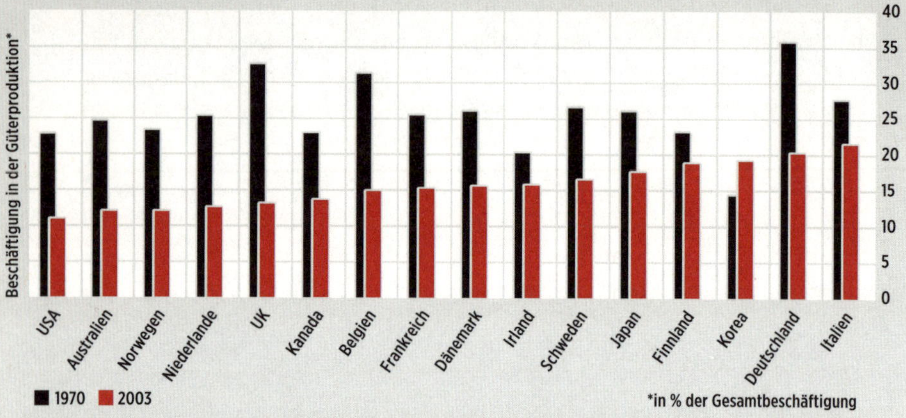

In den vergangenen vierzig Jahren haben Innovation und Globalisierung die Industrielandschaft in den OECD-Ländern vollständig umgestaltet. Bis in die 1970er-Jahre hinein war die Industrieproduktion in den meisten Ländern das Herz der Wirtschaft. Seither hat sich der Anteil der Industrie am BIP in vielen Ländern halbiert. Moderne Dienstleistungen ersetzten traditionelle Industriegüter. Länder, die diese Revolution beherzt förderten, schufen dadurch neue Arbeitsplätze und weisen im Durchschnitt auch eine geringere Arbeitslosigkeit aus.

Quelle: OECD

sondern der permanente Strom von technologischen Neuerungen in allen Produktionsbereichen, der veraltete, arbeitsintensive Arbeitsprozesse modernisiert und damit Arbeitsplätze «weginnoviert». Das Phänomen kann zwar nicht genau gemessen werden, aber es wird geschätzt, dass nur ein Fünftel des Verlusts an OECD-Arbeitsplätzen durch Auslagerung in Nicht-OECD-Länder verloren geht,[6] die übrigen 80 Prozent der Verluste gehen auf Kosten der Innovation. Wollte man eine Demonstration gegen «Jobkiller» organisieren, müsste sie folgerichtig vor Universitäten und innovativen Unternehmen stattfinden. Das wäre natürlich töricht, denn durch Forschung und Bildung werden erwiesenermassen langfristig mehr und hochwertigere Arbeitsplätze geschaffen.[7] Die Globalisierung ist somit insgesamt weniger mit einem Feuer zu vergleichen, das Arbeitsplätze verbrennt, sondern eher mit einem Pflug, der die Unternehmens- und Job-Landschaft sowohl in OECD-Ländern als auch in Schwellenländern permanent umpflügt. Die Globalisierung ist nicht «schuld» am Verlust von Arbeitsplätzen, sehr wohl aber an der fortschreitenden globalen Arbeitsteilung, einem härteren Wettbewerb, einem grösseren Druck, durch Innovation immer höherwertige Arbeitsplätze zu schaffen. Die Globalisierung hat nicht die *Anzahl* der Arbeitsplätze verändert, aber deren *Zusammensetzung* und *Verteilung*, und sie hat diesen Wandel beschleunigt.

Die De-Industrialisierung im OECD-Raum, das augenfälligste Beispiel für diese Entwicklung, ging in atemberaubendem Tempo vor sich [Grafik links]. Die Industriebrachen in unseren Stadtzentren und die neuen Industriegebiete in den Schwellen- und Entwicklungsländern zeugen davon. So hat sich der Anteil der Güterproduktion an der gesamten Beschäftigung in Grossbritannien von 1970 bis 2003 von über 30 Prozent auf 13 Prozent reduziert und damit die britische Wirtschaft völlig neu gestaltet. Die Zahl der Arbeitsplätze in der Textilindustrie in den G7-Ländern ging zwischen 1970 und 2001 von über 10 Millionen auf 4 Millionen zurück.[8] Die Innovation hat jedoch die Produktivität der verbleibenden Arbeitsplätze ständig erhöht. Obwohl zum Beispiel der Anteil der industriellen Arbeitsplätze in der Schweiz ständig zurückgeht, hat sich die Güterproduktion zwischen 1990 und 2008 um 52 Prozent erhöht.[9]

Die Schwellenländer stehen im Übrigen vor dem gleichen Problem. Dem Rückgang von Arbeitsplätzen in bestimmten Sektoren in der OECD steht kein Wachstum der Arbeitsplätze in den wichtigsten

Hochlohnland China

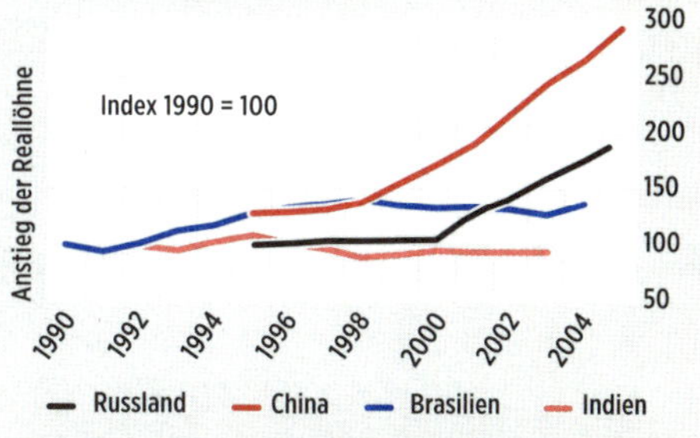

Die Löhne in den Industriezentren Chinas haben sich zwischen 2000 und 2005 verdoppelt. Höhere Produktivität kostete China Millionen industrieller Arbeitsplätze. China durchläuft damit den gleichen Modernisierungsprozess wie die OECD-Länder.

Quelle: OECD

Schwellenländern gegenüber. China verlor 1995 bis 2002 netto über 4 Millionen Arbeitsplätze im Industriebereich aufgrund rasant wachsender Produktivität.[10] Sie hat die Löhne innert weniger Jahre in die Höhe getrieben. Die Reallöhne in Chinas urbanen Regionen haben sich nur schon in der kurzen Zeit von 2000 bis 2005 verdoppelt [Grafik Seite 73].[11]

TREND: BESCHÄFTIGTE

Der Prozess der permanenten Strukturbereiningung hat in den OECD-Ländern unbestritten auch Globalisierungs*verlierer* geschaffen. Die Tatsache, dass die Globalisierung «netto» erfolgreich abläuft, ist kein Trost für den Arbeiter in der Textil-, Auto- oder Stahlindustrie, dessen Arbeitsplatz an ein Schwellenland verloren geht. Aus dieser persönlichen Perspektive ist die Globalisierung keine Win-win-Situation. Diese Unruhe und Unsicherheit, reale Erfahrungen über Entlassungen, Zuwanderung und die Veränderungen des sozialen und kulturellen Umfelds schaffen verständlicherweise Skepsis und Ängste. Das ökonomische Argument, dass die Globalisierung im Gesamtdurchschnitt den Wohlstand hebt, hat beim einzelnen Betroffenen einen schweren Stand.

Anpassungsfähigkeit wird wichtiger als Fachwissen

Verlierer der Globalisierung sind in erster Linie weniger gut ausgebildete und ältere Arbeitnehmer, die in direkter Konkurrenz mit den neuen Produzentenländern stehen. Die Ausbildung als Voraussetzung zur Reintegration in einen sich verändernden Arbeitsmarkt gewinnt mit der fortschreitenden Globalisierung daher immer mehr an Bedeutung. Spezialisiertes, hochwertiges Fachwissen in Wissenschaft, Forschung und Entwicklung und in hochqualifizierten Bereichen wird als Wohlstandstreiber unerlässlich bleiben. Für die breite Bevölkerung, insbesondere für die weniger gut ausgebildeten Gruppen, nimmt die Bedeutung einer fachspezifischen Ausbildung jedoch ab. Niemand ist heute in der Lage vorauszusagen, welche Berufsgattungen morgen noch gefragt sein werden oder neu entstehen. Dies hat grundsätzliche Auswirkungen auf die Prioritäten der beruflichen Ausbildung. Angesichts sich rasch wandelnder Arbeitsmärkte wird es immer wichtiger, die Anpassungsfähigkeit an wandelnde Anforderungen zu behalten und eine kontinuierliche Weiterbildung zu garantieren.[12]

Lohnunterschiede weiten sich aus

Berechtigt ist eine gewisse Besorgnis über die Lohnverteilung. In allen OECD-Ländern macht der Lohn aus Erwerbstätigkeit zugunsten der Kapitalrendite einen immer kleineren Teil des nationalen Einkommens aus. Die neueren

Wer hat, dem wird gegeben

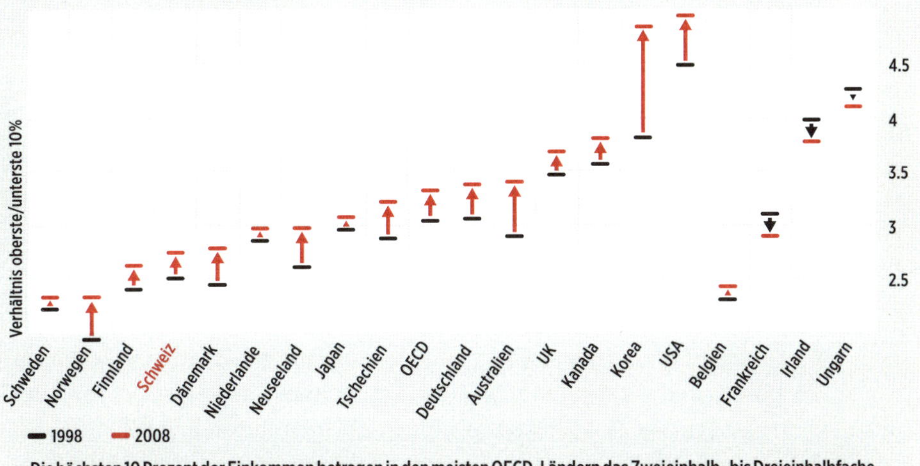

Die höchsten 10 Prozent der Einkommen betragen in den meisten OECD-Ländern das Zweieinhalb- bis Dreieinhalbfache der tiefsten 10 Prozent, in Korea und in den USA fast das Fünffache. Zwischen 1998 und 2008 sind die obersten 10 Prozent wie schon zuvor rascher gewachsen als die untersten 10 Prozent, mit wenigen Ausnahmen (Belgien, Frankreich, Irland, Ungarn). Auch in der Schweiz haben die obersten Einkommen rascher zugenommen, die Unterschiede zu den tiefsten Einkommen sind im Vergleich allerdings gering.

Quelle: OECD, eigene Darstellung

OECD-Zahlen zeigen zudem deutlich, dass die unteren Löhne in vielen OECD-Ländern stagniert haben, während die höheren Löhne gestiegen sind [Grafik Seite 75]. Die «Lohnschere» hat sich somit geöffnet. Allerdings ist letztlich im täglichen Leben nicht der Lohn, sondern das verfügbare Einkommen nach Abzug der Steuern und dem Erhalten der Wohlstandstransfers massgebend. Diese sozialstaatliche Umverteilung greift in allen Ländern korrigierend ein.[13] In der Schweiz war der Unterschied zwischen den obersten 10 Prozent und den untersten 10 Prozent der Einkommen im Vergleich zu anderen Länderen zwischen 1998 bis 2008 eher gering. Die Lohnschere hatte sich trotz den bekannten Exzessen bei den obersten Gehältern nie sehr weit geöffnet.

Migration gefährdet keine einheimischen Arbeitsplätze

Weniger berechtigt ist die verbreitete Meinung, dass Zugewanderte in OECD-Ländern die Einheimischen von ihren Arbeitsplätzen verdrängen. Das trifft wiederum empirisch nicht zu, obwohl der Anteil zugewanderter Arbeitnehmer an den Beschäftigten in der OECD stetig steigt. Die permanente Zuwanderung im OECD-Raum bezifferte sich für 2008, wie oben erwähnt, auf 4,4 Millionen Menschen, dazu kommen 2,3 Millionen temporäre ausländische Arbeitnehmer. Das entspricht allerdings noch immer nur rund 6,7 Zuwanderern auf 1000 OECD-Einwohner.[14] Die Schweiz profitiert als eines der wenigen OECD-Länder (neben Australien, Kanada und den USA) von einem starken Zustrom von hoch qualifizierten Zuwanderern.[15]

Vor dem Hintergrund der doppelten Alterung müssten OECD-Länder eigentlich an einer gezielten und klar gesteuerten Zuwanderung von Arbeitskräften (und damit auch Beitragszahlern an die Sozialwerke) interessiert sein. Bereits heute werden 11 Prozent des Alters- und Krankenpflegepersonals und 18 Prozent des medizinischen Personals in der OECD aus dem Nicht-OECD-Raum rekrutiert, Tendenz steigend – zum Teil mit negativen Folgen für die Herkunftsländer. Allerdings werden Zuwanderer als Folge restriktiver Arbeitsmärkte generell unter ihrem Wert und ihrer Ausbildung eingesetzt.

Zuwanderer gesucht

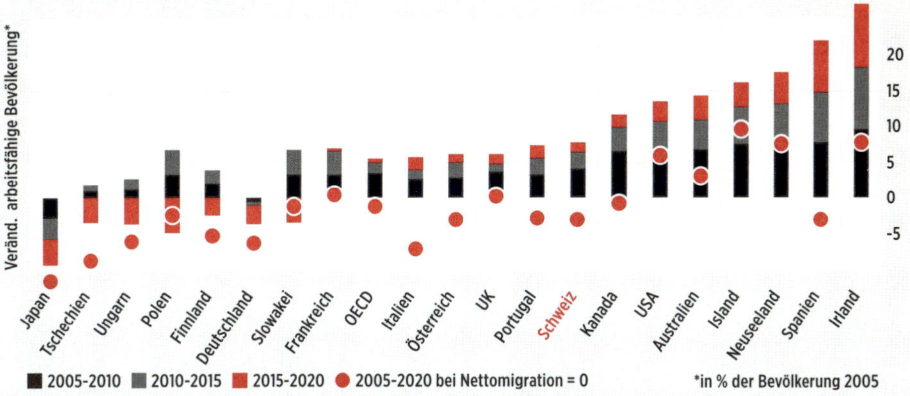

Ohne Zuwanderung (rote Punkte) würde die arbeitsfähige Bevölkerung in den OECD-Ländern zwischen 2005 und 2020 durchschnittlich um rund 1 Prozent abnehmen, in Europa besonders stark, in der Schweiz um über 3 Prozent. Aufgrund der stark schrumpfenden Bevölkerung geht die Zahl der Arbeitnehmer trotz Zuwanderung in zahlreichen Ländern langfristig zurück, vor allem in Ost- und Mitteleuropa und in Deutschland. In angelsächsischen Ländern weitet die Zuwanderung die arbeitsfähige Bevölkerung stark aus, da auch die eigene Bevölkerung noch zunimmt.

Quelle: OECD

Darin liegt auch ein Hauptgrund für ihre höhere Arbeitslosigkeit. Aufgrund der verfügbaren Daten muss zumindest aus wirtschaftlichen Gründen vor einer generellen Begrenzung der Einwanderung gewarnt werden.

Die Einwanderungspolitik der OECD-Länder ist nach wie vor zerrissen zwischen dem sich deutlich abzeichnenden Mangel an Arbeitskräften in einer rasch schrumpfenden und alternden Gesellschaft einerseits und der «gefühlten» Bedrohung der bestehenden Arbeitsplätze andrerseits. In den meisten OECD-Ländern würden ab 2020 ohne zum Teil erhebliche Zuwanderung Arbeitskräfte fehlen [Grafik oben]. In der Schweiz wären es rund 3 Prozent der arbeitsfähigen Bevölkerung von 2005, was weit über 100 000 unbesetzten Stellen entsprechen würde.

Weltweiter Arbeitsmarkt wächst dank (fast allen) Schwellenländern

Die zweite Welle der Globalisierung schafft neue Verhältnisse im Arbeitsmarkt. Die Zahl aller weltweiten Arbeitskräfte (inklusive Arbeitslose und Arbeitskräfte im informellen Sektor) hat von 2 Milliarden im Jahre 1980 auf 3,4 Milliarden im Jahre 2005 zugenommen.[16] Den weitaus grössten Teil steuern Sub-sahara-Afrika und Indien bei. In dieser Zahl enthalten ist eine globale Arbeiterschaft, all jene Arbeitskräfte, die im weitesten Sinne im Exportsektor tätig oder emigriert sind. Diese Untergruppe hat sich von 225 Millionen (1980) auf 900 Millionen Arbeitskräfte vervierfacht.[17]

Arbeiter aller Länder

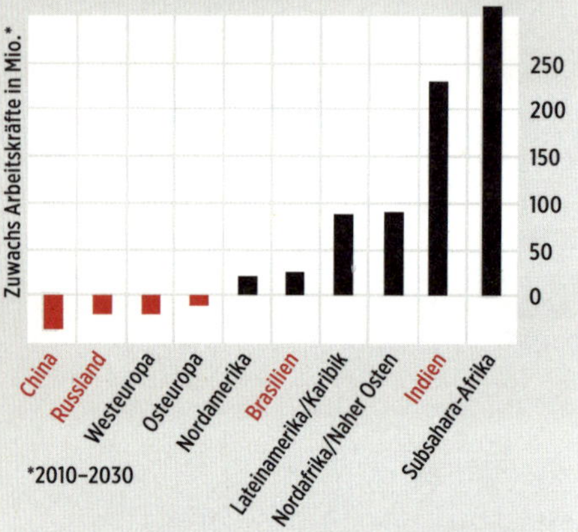

In Subsahara-Afrika und in Indien allein werden bis 2030 über eine halbe Milliarde Menschen zusätzlich Arbeit suchen, rund zwei Drittel des globalen Zuwachses. In Europa und Russland, aber auch in China nimmt die Zahl der Arbeitskräfte bis 2030 ab.

Quelle: US Census Bureau, eigene Darstellung

Die beiden Schwellenländer China und Indien spielen in dieser Entwicklung in verschiedener Hinsicht die Hauptrolle, mit gemeinsam rund einem Drittel der Weltbevölkerung wiederum durch ihre schiere Grösse. Ihre Beschäftigungsquoten sind noch um einiges tiefer als in den OECD-Ländern. Das heisst, ihr Anteil an der weltweiten Beschäftigung wird rascher steigen als ihre Bevölkerung. Chinas Arbeiterschaft wird allerdings bis 2030 in absoluten Zahlen sinken, während sie in Indien dramatisch ansteigt [Grafik links].

Was diese beiden Länder von anderen Schwellen- und Entwicklungsländern unterscheidet, ist ihre grosse, gut ausgebildete, unternehmensfreundliche und finanzstarke Diaspora. Sie tragen durch Investitionen und Technologietransfer erheblich dazu bei, dass ihre Heimatländer sich in innovativen Zukunftsbereichen (Informatik, Ingenieurwesen, Biotechnologie) rasch modernisieren. Dadurch werden in naher Zukunft weitere Wirtschaftsbereiche von der Globalisierung erfasst, vor allem im Dienstleistungssektor. Zurzeit bewegen sich die Auslagerungen in diesem Bereich erst bei einem Prozent, insgesamt wird das Potenzial jedoch auf rund 20 Prozent geschätzt.[18]

Allerdings gilt das Gleiche wie bereits in der ersten Welle der Globalisierung: Die Zahl der ausgelagerten Arbeitsplätze oder -prozesse wird zunehmen, aber «netto» wird auch die OECD an Beschäftigung gewinnen. Ausserdem verfügen China und Indien zwar über riesige Pools von Arbeitskräften, aber erst eine dünne Schicht (Südchina, Bangalore) ist genügend ausgebildet, um hochwertige, insbesondere IT-Dienstleistungen zu exportieren.

SEITENBLICK: DIE SCHWEIZ

Wäre die Verlagerung der Arbeitsplätze ins Ausland, das Offshoring, tatsächlich ein Hauptgrund für Arbeitsplatzverluste, dann müsste die Schweiz als eines der offensten Länder mit einer der flexibelsten Kündigungsregelungen eine der höchsten Arbeitslosenquoten aufweisen. Das Gegenteil ist der Fall [Grafik Seite 80]. Der flexible schweizerische Arbeitsmarkt hat sich nicht als Hindernis, sondern als wesentlicher Vorteil sowohl für Unternehmen als auch für Arbeitnehmer erwiesen.

Die vergangenen zwei Krisenjahre haben diesen Effekt gezeigt. In kaum einem andern Land hat der Arbeitsmarkt die Krise so gut überstanden wie in der Schweiz, kaum irgendwo anders in Europa sind Langzeitarbeitslosigkeit und Jugendarbeitslosigkeit geringer. Die hohe Flexibilität erlaubt eine rasche Reintegration bei Stellenverlust, und das duale Ausbildungssystem (praxisnahe Ausbildung durch Berufslehre), ermöglicht einen gleitenden Einstieg in den Arbeitsmarkt. Dieses typisch schweizerische Modell ist angesichts der kommenden Herausforderungen durch den globalen Arbeitsmarkt ausserordentlich zukunftsfähig. Die Devise muss heissen, *Arbeitnehmer* – durch eine hochwertige arbeitsplatznahe Ausbildung – statt *Arbeitsplätze* zu schützen. Neuere empirische Studien bestätigen für die Schweiz die Tatsache, dass der Strukturwandel der Globalisierung keine Bedrohung darstellt. Stellenabbau kann auch in der Schweiz nicht mit Arbeitslosigkeit gleichgesetzt wer-

Arbeiterparadies Schweiz

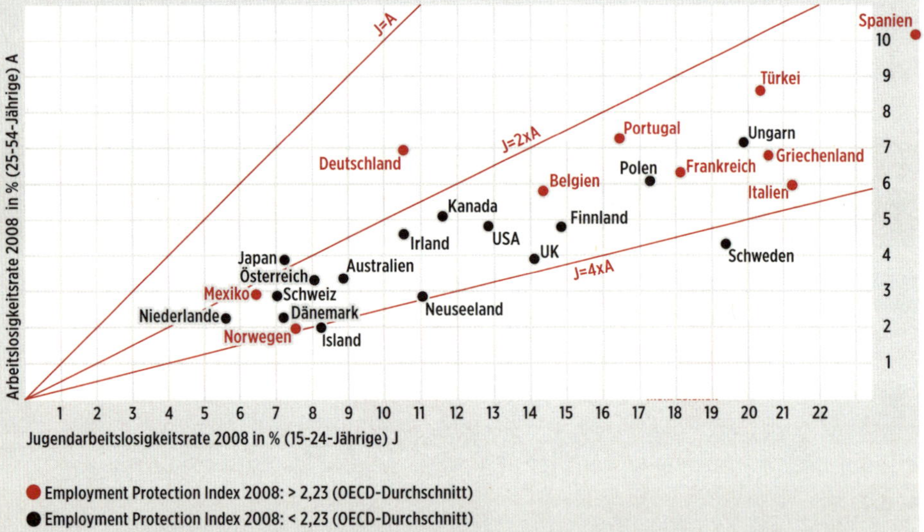

Die Arbeitslosigkeit Jugendlicher (15-24-Jährige) ist in allen Ländern höher als jene älterer Arbeitnehmer (25-65-Jährige). Allerdings zeigte sich während der Krise besonders deutlich, dass Jugendliche in Ländern mit flexiblen Arbeitsmärkten (schwarz) und einer praxisnahen dualen Ausbildung (Schweiz, Deutschland, Dänemark, Österreich) deutlich weniger unter Arbeitslosigkeit leiden. Länder, die versuchen, Arbeitnehmer mit strikteren Kündigungsregelungen zu «schützen» (rot), bezahlen dies in der Regel mit höheren Arbeitslosigkeitsraten.

Quelle: OECD

den. Zwar sind ältere und weniger qualifizierte Arbeitskräfte eher von Langzeitarbeitslosigkeit oder Lohneinbussen bedroht, aber die Konkurrenz durch Importe ist auch in der Schweiz erwiesenermassen nicht die Hauptursache.[19]

Neuere Zahlen für die Zeitspanne 2003 bis 2006 deuten darauf hin, dass sich die Einkommensunterschiede auch in der Schweiz leicht ausweiten, allerdings sehr langsam. Verantwortlich dafür ist vor allem ein Wachstum der obersten Einkommen in den traditionell wohlhabendsten Kantonen Zug und Schwyz [Grafik rechts].[20]

Lonely at the Top

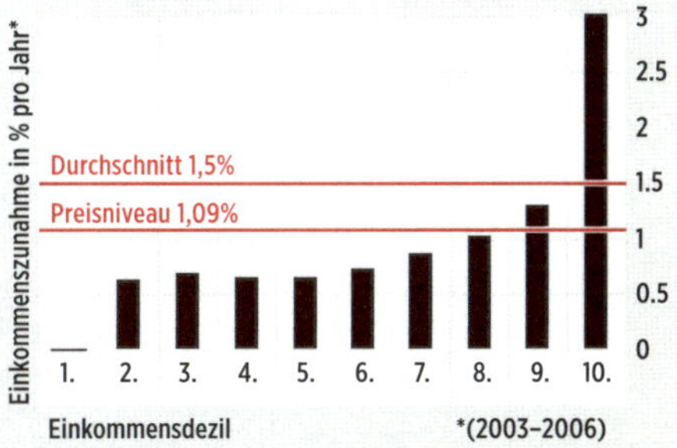

Die obersten 20 Prozent der steuerbaren Einkommen verzeichneten zwischen 2003 und 2006 einen realen Einkommenszuwachs, am deutlichsten die obersten 10 Prozent. Die untersten 10 Prozent mussten gar einen nominalen Einkommensverlust hinnehmen.

Quelle: Eidg. Steuerverwaltung

Während der aktuellen Krise und der damit verbundenen steigenden Arbeitslosigkeit mag es zwar politisch opportun scheinen, die Einwanderung zu beschränken. Auf lange Frist jedoch wird auch die Schweiz unabdingbar auf Zuwanderung angewiesen sein. So sind zum Beispiel im Bereich der weniger qualifizierten Arbeitsplätze (Reinigung, Abfallbeseitigung, Hausarbeit) bereits rund die Hälfte ausländische Arbeitskräfte (2007: 46,3 Prozent).[21] Zwischen 2005 und 2020 wird die arbeitende Bevölkerung dank Zuwanderung um rund 5 Prozent zunehmen. Das ist wahrscheinlich noch immer zu wenig, um die durch Alterung wegfallenden Arbeitskräfte zu ersetzen und den zusätzlichen Bedarf in spezifischen Berufen aufgrund der Alterung (medizinisches und Pflegepersonal) zu decken. Ohne Zuwanderung würde die Zahl der arbeitstätigen Bevölkerung in der Schweiz in dieser Zeitperiode zurückgehen.

Verstärkung aus dem Ausland

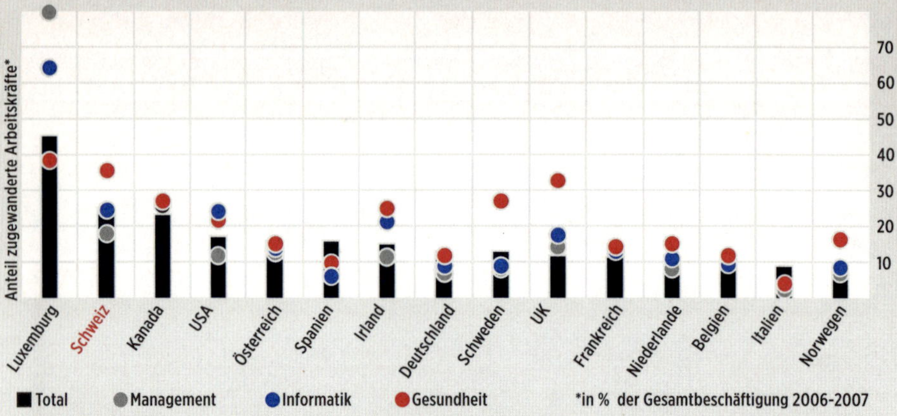

2007 waren ein Viertel der Stellen auf dem schweizerischen Arbeitsmarkt durch ausländische Zuwanderer besetzt, ohne einen negativen Einfluss auf die Arbeitslosigkeit. Im Gesundheitsbereich (rot) erreicht der Wert sogar 36 Prozent, im Management (grau) 18 Prozent. In vielen anderen OECD-Ländern ist der Gesundheitsbereich ebenfalls in zunehmendem Masse auf zugewanderte Arbeitskräfte angewiesen. Ausser dem Spezialfall der kleinen Volkswirtschaft Luxemburg erreicht die Schweiz unter OECD-Ländern damit die höchsten Werte.

Quelle: OECD

Die Schweiz ist im OECD-Vergleich ein ausserordentlich attraktiver und dynamischer Arbeitsmarkt. Bis zu Beginn der Krise gingen über die Hälfte der Neueintritte auf das Konto von Zuwanderern, ohne negativen Einfluss auf die Arbeitslosigkeitsrate – einer der höchsten Werte in den OECD-Ländern. Die politische Opposition gegenüber Zuwanderung generell, in jüngster Vergangenheit vor allem gegenüber der hoch qualifizierten Zuwanderung aus Deutschland, ist daher aus einer wirtschaftspolitischen Perspektive geradezu fahrlässig. Bereits heute (2007) ist ein Viertel aller Stellen in der Schweiz durch Zuwanderer besetzt, im Gesundheitssektor über ein Drittel [Grafik oben]. Die Herausforderung besteht nicht darin, diese für den gesamten Wohlstand positive Entwicklung zu bremsen – sondern die politischen Voraussetzungen für eine erfolgreiche Integration zu schaffen.

FAZIT

Die Globalisierung beeinflusst die Zusammensetzung und Verteilung der Arbeitsplätze, aber nicht deren Anzahl. Nicht die Globalisierung, sondern der technologische Fortschritt «zerstört» Arbeitsplätze – und schafft dabei neue, produktivere Arbeitsplätze.

Niedrig qualifizierte und ältere Arbeitnehmer sind von den globalisierten Arbeitsmärkten am stärksten betroffen. Nicht die Globalisierung, sondern die unterschiedlichen Arbeitsmarkt- und Bildungspolitiken erklären die unterschiedlichen Arbeitslosen- und Erwerbsquoten in den OECD-Ländern.

Die Lohnunterschiede zwischen verschiedenen Einkommensklassen nehmen zu. In der Schweiz sind die Unterschiede im Vergleich gering, weiten sich aber leicht aus.

Weiterführende Literatur:

OECD (2010): Employment Outlook

IMF (2007): The World Economic Outlook, The Globalization of Labour (Chapter 5)

Thomas Straubhaar (2002): Migration im 21. Jahrhundert. Von der Bedrohung zur Rettung sozialer Marktwirtschaften.

1 Der Begriff «Dumping» wird in der politischen Diskussion meistens unpräzise benutzt. Im handelspolitisch korrekten Vokabular bedeutet Dumping entweder den Verkauf eines Produkts in einem Zweitmarkt unter dem Preis des Heimmarkts *(fair value)* oder unter den Produktionspreisen. «Lohndumping» hiesse also die Anstellung von Arbeitskräften unter dem marktüblichen Lohnniveau eines Landes.

2 Das Netzwerk www.globaltradealert.org, ein unabhängiger Zusammenschluss von anerkannten internationalen Handelsökonomen, sammelt und publiziert die wohl umfassendste Sammlung aller handelshemmenden Massnahmen in der Folge der Krise.

3 IWF, World Economic Outlook. The Globalization of Labor, IWF: 2007, S. 162.

4 Das eindrücklichste Beispiel ist die EU mit ihren je nach Mitgliedsland nach wie vor sehr unterschiedlichen Löhnen und einem völlig freien Personenverkehr. Die strukturelle Arbeitslosenrate im EU-Raum ist in den zehn Jahren bis zu Beginn der Krise nicht gestiegen, sondern insgesamt um ein Prozent gefallen. Seit den frühen 1990er-Jahren hat im OECD-Raum die durchschnittliche Verweildauer am gleichen Arbeitsplatz sogar zugenommen. Daten dazu und zur allgemeinen Argumentation sowie weiterführende Literatur in: OECD, Making Most of Globalisation, C/MIN(2007)1/ANN, OECD: 2007, S. 9.

5 Die OECD hat dazu den so genannten Employment Protection Index (EPI) geschaffen. Der EPI misst die Kosten und Prozeduren, die für die Entlassung einzelner oder Gruppen von Arbeitnehmern und für eine temporäre oder begrenzte Anstellung von Arbeitnehmern anfallen. Der OECD-Durchschnitt des EPI liegt bei 2,23, auf einer Skala von 0 bis 6. Bei den Grafiken in diesem Buch, die den EPI verwenden, wurde deshalb der OECD-Durchschnitt als Ausgangspunkt genommen, und die Länder wurden in zwei Kategorien geteilt.

Von den OECD-Ländern weisen die Türkei, Luxemburg und Mexiko die höchsten Werte für den EPI auf; die USA, UK, Kanada und Neuseeland hingegen die tiefsten. In allen untersuchten Schwellenländern ausser Brasilien sind die Kosten für die Entlassung eines Individuums höher als im OECD-Durchschnitt, auch in China und Indien.

6 OECD, Staying Competitive in the Global Economy: Moving Up the Value Chain, OECD: 2007.

7 Die Geschichte der Industrialisierung ist reich an Beispielen, wie sich Arbeitnehmer verzweifelt gegen Innovationen auflehnten, die Arbeitsplätze älterer Technologien überflüssig machten. Der berühmte Fabriksturm von Uster 1831, in dem die Heimweber des Zürcher Oberlands gegen die mechanisierten Webstühle protestierten, folgte exakt dem gleichen Muster.

8 OECD, The Changing Nature of Manufacturing in OECD Countries, STI Working Paper, OECD: 2006, S. 8.

9 Bundesamt für Statistik, Statistisches Jahrbuch der Schweiz 2010, Verlag Neue Zürcher Zeitung, S. 151.

10 Andere Untersuchungen vermuten einen noch grösseren Rückgang für die industriellen Arbeitsplätze in China im gleichen Zeitraum (1995-2002) von 95 Millionen auf 83 Millionen. OECD, Staying Competitive in the Global Economy: Moving Up the Value Chain, OECD: 2007, S. 93 f.

11 OECD, Employment Outlook 2007, OECD: 2007, S. 36.

12 Die OECD ist zurzeit (2010/11) dabei, eine «Skills Strategy for the 21st Century» zu erarbeiten. Im Zentrum steht das Konzept der «Employability», der Fähigkeit, jene allgemeinen Eigenschaften zu behalten und zu entwickeln, die möglichst vielfältig einsetzbar sind.

13 Die Einführung von wohlfahrtsstaatlichen Korrekturen sowie das kräftige Wachstum im vergangenen Jahrzehnt haben dazu geführt, dass zum Beispiel in

Mexiko, der Türkei, in Portugal, Griechenland und Spanien sich die Unterschiede der verfügbaren Einkommen zwischen den obersten und untersten 10 Prozent der Einkommen verringert haben. In diesen Ländern waren die Unterschiede allerdings auch am höchsten. Umgekehrt haben sich in einigen nordischen Ländern (Dänemark, Schweden, Finnland) mit geringer Spreizung zwischen den verfügbaren Einkommen die Unterschiede leicht vergrössert. OECD, Making Most of Globalisation, C/MIN(2007)1/ANN, OECD: 2007, S. 10.

14 OECD, International Migration Outlook 2010, OECD: 2010, S. 26–30.

15 OECD, Economic Outlook No. 81, OECD: Juni 2007, S. 30.

16 Weltbank, World Development Indicators, Weltbank: 2007.

17 IWF, World Economic Outlook. The Globalization of Labor, IWF: 2007, S. 161–199.

18 David T. Coe, Globalization and Labor Markets, Policy Issues Arising from the Emergence of China and India, DELSA Working Paper No. 63, OECD: 12.11.2007, S. 12.

19 Die empirische Studie kommt auch zu dem Schluss, dass die Arbeitsplatzbedrohung der Niedrigqualifizierten eher auf zunehmende Lohnrigiditäten zurückzuführen ist. Simone Wyss, Stellenverlust und Lohneinbusse durch die Globalisierung,WWZ Universität Basel: Juni 2009.

20 Der Gini-Koeffizient (Indikator für Ungleichheit der Einkommen) erhöhte (verschlechterte) sich in allen Kantonen ausser Appenzell-Innerrhoden, Graubünden, Bern und St.Gallen, am meisten in den Kantonen Zug, Schwyz, Waadt und Obwalden. Die Veränderungen bewegen sich allerdings im Hundertstel-Bereich. Die höchsten Einkommen (angeführt von den Kantonen Schwyz und Zug) wachsen am schnellsten, tiefere Einkommen wachsen tendenziell langsamer. Rudi Peters, Répartition des revenus en Suisse: faits et tendances, Eidgenössische Steuerverwaltung: 25.2.2010.

21 OECD, International Migration Outlook 2009, OECD: 2009, S. 88.

DER NEUE SCHULDNERKLUB

Auch wenn dieses Buch nicht die Finanzkrise zum Thema hat, fügen sich die Verwerfungen an den globalen Finanzmärkten und ihre Folgen für Länder, Banken, Unternehmen und Haushalte nahtlos in die grössere Erzählung der zweiten Welle der Globalisierung ein. Im Verlauf der Finanzkrise wurden fast 30 Billionen USD, rund zwei Drittel eines jährlichen Welt-BIP, vor allem in Form von Aktien- und Immobilienwerten innerhalb von wenigen Monaten vernichtet.[1] Grenzüberschreitende Investitionen kamen praktisch zum Stillstand und fielen auf den Stand von 1991. Die globalen Handelsströme und damit die Aufträge der Unternehmen brachen durch das Austrocknen der Kreditflüsse im Herbst 2008 gleichsam in sich zusammen.

Es wurde mit aller Deutlichkeit klar, dass die systemische Verletzlichkeit des Finanzsektors und damit verbunden das unmittelbare Zerstörungspotenzial, das die Globalisierung in diesem Sektor geschaffen hat, sich in anderen Dimensionen bewegt und anderen Gesetzen gehorcht als die Globalisierung der Güter und Dienstleistungen. Der notwendige politische Konsens über ein internationales Regelwerk, das diese Gefahren entschärft und die Vorteile eines modernen Finanz- und Kapitalmarkts beibehält, ist jedoch noch in weiter Ferne.

Es wird stets von der ersten globalen Krise gesprochen. Über zwei Jahre nach dem Ausbruch wird zusehends klar, dass sowohl ihre Ursachen – die lückenhafte und fehlgeleitete Regulierung des Finanzsektors, die Schaffung hoher Liquidität, die falsche Anreizpolitik auf den Immobilienmärkten – wie auch ihre Folgen – der Einbruch des Wachstums und der Beschäftigung, die hohe öffentliche Verschuldung – in erster Linie den OECD-Raum betreffen.[2] Der Infarkt an den Finanzmärkten 2008 hat sich in einer zweiten Phase in eine Wirtschaftskrise und in einer dritten Phase in eine Schuldenkrise ausgeweitet.

TREND: KRISENVERSCHULDUNG

Im Unterschied zu den Schwellenländern wiesen viele OECD-Länder, vor allem Griechenland, Italien, und Portugal, aber auch Japan und die USA, bereits seit langem hohe und wachsende Schuldenstände auf, stetig erhöht durch wiederkehrende jährliche Defizite. Solange die Finanzmärkte nicht darauf reagierten, fehlte der Druck auf die Regierungen, eine ernsthafte Konsolidierung ins Auge zu fassen. Die zusätzliche Verschuldung durch die Krise rückte die ökonomischen Realitäten erbarmungslos ans Licht und brachte Staaten wie Griechenland an den Rand der Insolvenz.

Krise treibt OECD-Schulden auf Höchststände

Durch die Rettungsmassnahmen, die Stimulierungspakete und die sinkenden Steuereinnahmen hat die Verschuldung vielerorts historische Ausmasse erreicht.[3] Die Maastricht-Kriterien – ein Schuldenstand von 60 Prozent des BIP und ein jährliches Defizit von 3 Prozent des BIP[4] – die für die Euroländer und den IWF als Limite einer nachhaltigen Verschuldung gelten, waren bereits in den Jahren zuvor vielfach überschritten worden. Sie wurden innert Monaten endgültig zur Makulatur [Grafik rechts].

Im Gegensatz dazu betrieben die meisten Schwellenländer im vergangenen Jahrzehnt eine zurückhaltende Haushaltspolitik. Regierungen und Unternehmen finanzieren sich mühelos über den internationalen Anleihenmarkt und vermehrt über Direktinvestitionen. Asien und Südamerika sind zum Teil von der Krise verschont worden, weil ihre Finanzplätze erst im Aufbau sind und noch nicht im gleichen Masse über das komplexe Instrumentarium und das technologische Know-how verfügen. Vor allem aber waren die schmerzlichen Erfahrungen der Strukturanpassungsprogramme nach den eigenen Krisen der 1990er-Jahre noch in zu guter Erinnerung. Als Resultat weisen Schwellenländer generell seit Jahren gesündere Haushalte auf als die wichtigsten OECD-Länder.[5]

Maastricht no más

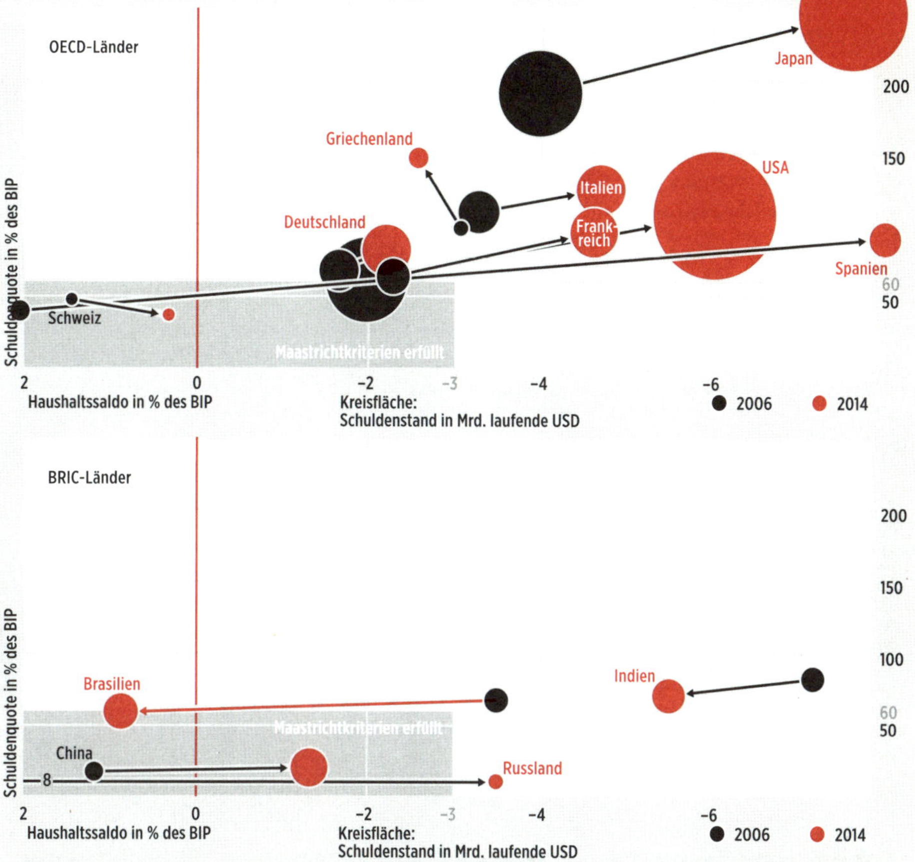

Die Finanzkrise hat die öffentliche Verschuldung vor allem in OECD-Ländern erheblich verschärft. Die Schuldenquote der USA, 2006 noch bei 61 Prozent des BIP, wird 2014 die kritische 100-Prozent-Grenze ohne zusätzliche Sparmassnahmen überschreiten. Japans Schulden, 2006 bei 1919 Prozent des BIP, steigen auf 247 Prozent. Der Schweizer Haushaltssaldo bewegt sich bis 2014 nicht nur innerhalb der Maastricht-Grenzen, sondern weist möglicherweise einen Überschuss aus. Die Schulden der BRIC-Staaten liegen weit tiefer, Indiens und Brasiliens Schulden werden gar abgebaut.

Quelle: IWF, eigene Darstellung

Gesundsparen trifft Staaten, Banken und Haushalte gleichermassen

Die Verschuldung[6] eines Landes besteht aber nicht nur aus den öffentlichen Fehlbeträgen, sondern in der Summe aller staatlichen und privaten Schulden [Grafik unten]. In den meisten europäischen Ländern ist die Konsolidierung der hoch verschuldeten Banken und der in Schieflage geratenen Unternehmen bei weitem noch nicht abgeschlossen, was zusätzliche staatliche Mittel binden wird. Die privaten Schulden sind deshalb von Belang, weil ihre Höhe ein gewisser Indikator ist, wie lange das «Gesundsparen» von Haushalten und Unternehmen als Folge der Krise dauern wird. Je intensiver

Schulden: Public Private Partnership

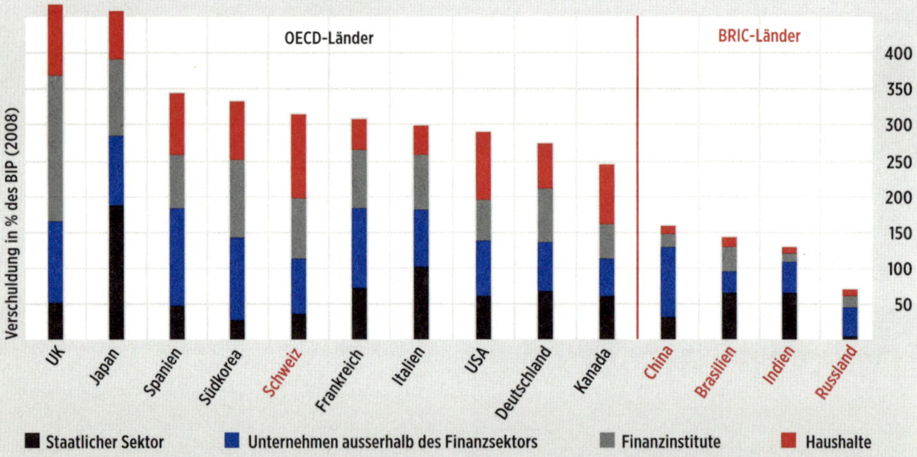

In vielen Ländern gesellt sich zur öffentlichen Staatsverschuldung eine hohe private Verschuldung. Dazu gehören neben den privaten Haushalten die Unternehmen und die Finanzinstitutionen. Grossbritannien und Japan erreichten 2008 eine Gesamtverschuldung von über 450 Prozent des BIP. Die Werte für die BRIC-Länder lagen wiederum weit tiefer. Die Schweiz erreichte eine Gesamtverschuldung von rund 300 Prozent. Der Grossteil dieser privaten Schulden sind jedoch nachhaltig finanzierte Hypotheken, im Unterschied zum hohen Anteil der Konsumkredite in den USA.

Quelle: Bank Vontobel/McKinsey

dieser erzwungene Sparprozess, desto tiefer die Neigung zu neuen Investitionen (für die Unternehmen) und desto zurückhaltender der Konsum (für die Haushalte).

Die Gefahr in Europa besteht darin, dass die Gleichzeitigkeit der Konsolidierungswellen privater und öffentlicher Finanzen das zukünftige Wachstum dämpfen könnte und sich dadurch die Verschuldung noch erhöht. Allerdings bestehen für die hoch verschuldeten Länder (Portugal, Irland, Italien, Griechenland, Spanien) gar keine Alternativen zum Sparkurs. Empirisch zeigt sich, dass auf grössere Finanzkrisen eine mehrjährige, schmerzvolle Phase der Entschuldung folgt, die im Durchschnitt sechs bis sieben Jahre dauert und das Wachstum negativ beeinflusst.[7] Eine solche Entschuldung kann aber auch Jahrzehnte dauern, wie das Beispiel Japan zeigt.

In der Gesamtbetrachtung (inklusive Privat- und Unternehmensverschuldung) zeigt sich wiederum, dass die Schwellenländer eine gesündere Struktur aufweisen und in der Lage sind, ihr Investitionsniveau zu halten. Während sich der Gesamtwert der globalen Mergers & Acquisitions, ein verlässlicher Indikator der Wirtschaftsdynamik, von 2007 auf 2008 weltweit halbierte, blieb das – allerdings noch bescheidene – Volumen in Asien während der gesamten Krise fast unverändert.[8]

TREND: ALTERSVERSCHULDUNG

Die Krisenverschuldung und ihr Abbau sind nur der kleinere, sozusagen konjunkturelle Teil eines grösseren Problems. Der Verschuldungsschub trifft die OECD-Länder in einem höchst ungünstigen Moment. Die westlichen Wohlfahrtsstaaten stehen vor einem wachsenden Berg so genannter «impliziter» Schulden. Diese vertraglich vereinbarten Renten-, Gesundheits- und Langzeitpflegekosten erscheinen zwar in keiner nationalen Buchhaltung, aber sie lassen sich auf Jahre hinaus gut abschätzen, da sowohl die Zahl der künftigen Rentner, ihre Lebenserwartungen und die durchschnittlichen Kosten bekannt sind. Dieses Thema ist seit Jahren Gegenstand von Fachdiskussionen, es hat die Politik jedoch noch nicht erreicht. In den kommenden Jahren, wenn die ersten Babyboomer in den Ruhestand treten, verwandelt sich diese bisher theoretische Herausforderung in ein sehr konkretes Finanzierungsproblem.

Krisenkosten stehen bald im Schatten der Alterungskosten

Weder die Politik noch die Finanz- und Kapitalmärkte haben bisher diesem Phänomen genügende Beachtung geschenkt. So massiv die Kosten der Krise erscheinen, gegenüber den zukünftigen Alterungskosten sind sie geradezu bescheiden. Sie machen als Anteil des BIP lediglich etwa 5 Prozent der zukünftigen alterungsbedingten Kosten aus [Grafik unten]. Zu diesem Ergebnis kam der IWF[9], der die Kosten der Krise mit den Kosten der OECD-Wohlfahrtssysteme im Jahre 2050 verglich. Das Resultat: Die gesamten Alterungs-, Gesundheits- und Pflegekosten werden zwischen 2005 und 2050 gemäss aktuellen Trends im Durchschnitt um rund 3 Prozentpunkte steigen. Für einzelne Länder dürfte die Rechnung noch um einiges höher anfallen. In Korea, das eine sehr ungünstige Alterstruktur aufweist, könnten diese Kosten im Jahr 2050 im Vergleich mit dem Jahr 2000 im schlimmsten Fall 13 Prozentpunkte höher liegen und 22 Prozent des BIP

Nach der Krise ist vor der Krise

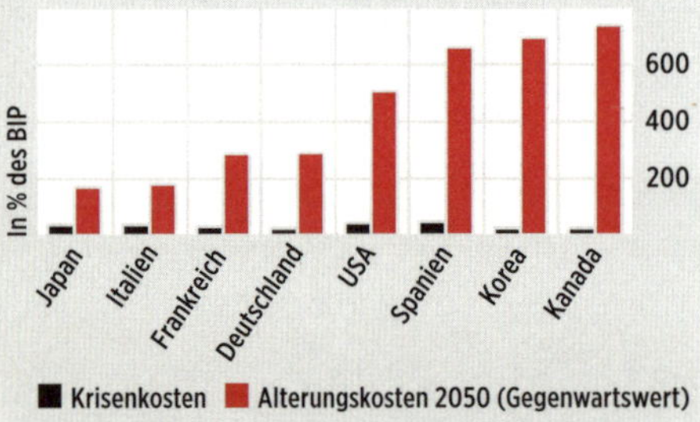

Die Kosten der Krise betrugen als Anteil des BIP nur rund 5 Prozent der Kosten, denen die Länder bis 2050 gegenüberstehen werden, um die dann anfallenden Alterungs-, Gesundheits- und Pflegekosten zu bewältigen – falls Reformen ausbleiben.

Quellen: IWF, eigene Darstellung

betragen [Grafik rechts]. Darin noch nicht eingerechnet sind eventuelle Forderungen der Bürger an den Staat, der zweifellos zu Hilfe gerufen wird, wenn Rentenversicherer ins Wanken kommen.

Reformen der Wohlfahrtssysteme werden unausweichlich

Alle OECD-Länder haben Erfahrungen mit Sparmassnahmen. Sie sind ein permanenter Bestandteil von nationalen Budget- und Verteilungskämpfen. Die nun anstehenden Aufgaben sind jedoch von einer anderen Grössenordnung. Schuldenstände von über 100 Prozent des BIP kamen in Europa und in den USA eigentlich nur als Folge von ausserordentlichen historischen Ereignissen vor, entweder im Umfeld der Weltkriege oder dem Mauerfall und damit dem Zusammenbrechen ganzer Märkte. In solchen Situationen waren Bevölkerungen auch stets bereit, eine ausserordentliche finanzielle Solidarität zu zeigen. Diese Voraussetzungen sind dieses Mal nicht gegeben.

Schmerzhafte Wohlfahrt

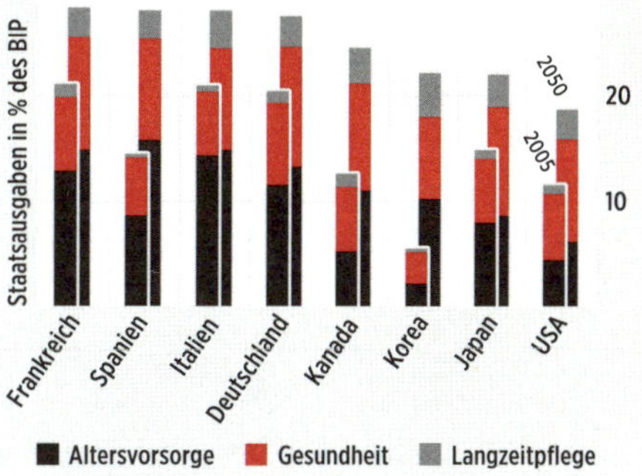

Die Kosten für Alter, Gesundheit und Pflege nehmen bereits heute in den meisten Ländern zwischen 10 und 20 Prozent des BIP in Anspruch. Dieser Anteil wird ohne Reformen in allen Ländern steigen und 2050 bis zu beinahe 30 Prozent ausmachen.

Quelle: IWF, eigene Darstellung

Der IWF geht davon aus, dass die OECD-Regierungen ihre durchschnittlichen Defizite von 3,5 Prozent des BIP (Stand 2010) bis 2020 in einen 4,5 Prozent-Überschuss verwandeln und diesen Wert zehn Jahre halten müssten, um die Verschuldung auf den Maastricht-Wert von 60 Prozent des BIP zurückzuführen. Das entspricht einer ähnlichen Konsolidierung, wie sie zurzeit Griechenland auferlegt wird. Ohne tiefere Einschnitte in den Sozialstaat und höheren Steuern ist das kaum zu bewältigen. Da auch die grösseren

OECD-Volkswirtschaften (USA, Japan, Deutschland, Grossbritannien) diesen Entschuldungsprozess durchlaufen müssen, wird sich das deutlich und auf lange Zeit auf das künftige Weltwirtschaftswachstum auswirken.

Die OECD-Länder stehen somit vor epischen Verteilungskämpfen. Viel hängt davon ab, ob sie die politische Kraft und Überzeugung aufbringen, ihre Wohlfahrtssysteme rasch und umfassend zu reformieren. Zwar sind die entsprechenden Debatten in vielen Ländern im Gang, doch die mathematische Notwendigkeit an sich genügt offenbar nicht, um Mehrheiten für Reformschritte zu gewinnen. Das gilt besonders, wenn bestehende Besitzstände angegriffen werden und die Früchte des Sparens erst in Zukunft von nachfolgenden Generationen geerntet werden können.[10] In Griechenland war es bis zum Ausbruch der Krise politisch nicht möglich, offensichtliche Korrekturen vorzunehmen, so zum Beispiel irrational frühe Verrentungen anzuheben oder die Renten (bis zu 100 Prozent des letzten Lohns) anzupassen.[11] Eine Analyse zahlreicher vergangener Reformen in OECD-Ländern führt immer wieder zum Schluss, dass letztlich erst eine «sichtbare» Krise Regierungen zu konkreten Reformen zwingt.[12]

Märkte bestrafen das Ausbleiben der Reformen

Die langjährigen Sparbemühungen im Sozialbereich in der Vergangenheit haben gezeigt, dass sie im besten Falle lediglich ein weiteres Ansteigen der öffentlichen Schulden verhindern. Das wird in Zukunft nicht ausreichen. Bisher haben die Obligationenmärkte die strukturellen Erhöhungen der Staatsverschuldung mit Ausnahme Griechenlands, Spaniens und Irlands gelassen hingenommen und keine Risikoprämie verlangt. Die wirtschaftliche Unsicherheit in der Krise führte dazu, dass die Zinsen für Regierungsanleihen anderer, ebenfalls hoch verschuldeten Staaten sogar sanken, da sie für Anleger als vergleichsweise sicher galten. Japan schultert seine Verschuldung, die unterdessen auf den OECD-Rekordwert von über 190 Prozent gestiegen ist, ohne grössere Aufschläge.

Launische Märkte

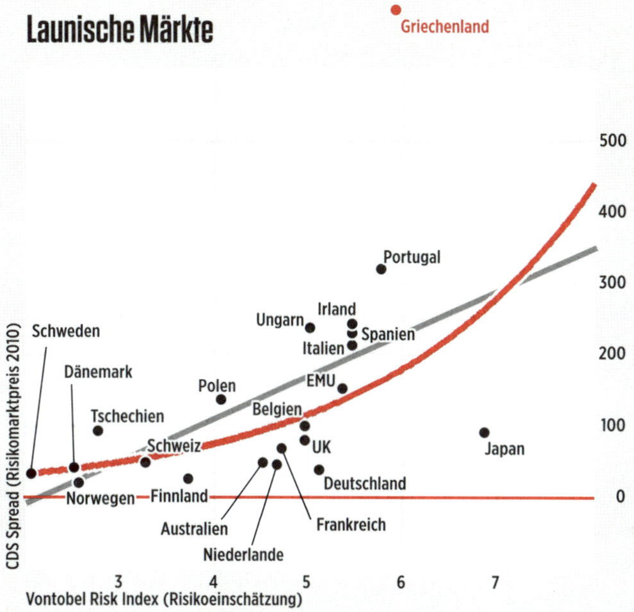

Je höher das mit einer Staatsschuld verbundene Risiko, desto höher liegt der Zins für die entsprechende Obligation. Diese Beziehung müsste eigentlich gleichmässig sein. Obligationenmärkte tendieren jedoch dazu, ihre Meinung (rote Kurve = Regression) über eine Schuldnerbonität sprunghaft zu ändern. Innerhalb von wenigen Wochen «entschied» der Markt im Frühling 2010, für Griechenland sei eine höhere Risikoprämie notwendig. Für Länder unterhalb der roten Kurve besteht demgemäss das Risiko, dass ihr Marktpreis sich ebenfalls nach oben anpassen könnte.

Quelle: Bank Vontobel/McKinsey, eigene Darstellung

Die Annahme, dass das so bleiben wird, ist gefährlich. Obligationenmärkte und Regierungen pflegen eine notorisch instabile Beziehung, gezeichnet von gegenseitigem Unverständnis. Es fällt politischen Akteuren schwer, sich der ökonomischen Logik zu beugen, dass «die Märkte» eine höhere Verschuldung mit höheren Zinsen bestrafen.[13] Das hängt mit der schwer erklärbaren Eigenschaft von Obligationenmärkten zusammen, dass sie oft lange «schlummern». Sie passen das Verhältnis zwischen Risiko und Risikoprämie nicht gleitend an, sondern rücken es sprunghaft zurecht [Grafik oben].[14] Im Gegensatz zu Nationalbanken, welche die Kunst der Kommunikation zur Steuerung von Markterwartungen eher beherrschen, neigen Politiker dazu, die Schuld an solchen nicht-linearen Korrekturen der «Spekulation» zuzuschreiben.

Eine Studie der BIZ[15] sieht im gegenwärtigen Umfeld der OECD-Länder – hohe Krisenverschuldung, wachsende Altersverschuldung, tiefes Wachstum, hohe Arbeitslosigkeit, tiefe Steuereinnahmen, hohe Sozialausgaben, fehlende Reformen – einen idealen Cocktail für ein solches abruptes Erwachen der Märkte. Mit diesem Szenario wird gerechnet, wenn sich die Schuldenstände länger über 100 Prozent des BIP bewegen und die Defizite deutlich über 3 Prozent des BIP bleiben, wie das zurzeit in zahlreichen Ländern der Fall ist. Dabei hat die BIZ nicht nur «die üblichen Verdächtigen» im Auge (Griechenland, Irland, Portugal, Spanien [Grafik rechts]), sondern sämtliche OECD-Länder. Gemäss ihren Berechnungen müssten die USA innert 20 Jahren einen Überschuss von 2,4 Prozent[16] erarbeiten, um den Verschuldungsgrad vor der Krise (2007) zu erreichen und zu erhalten. Solche Prognosen sind wie immer mit Vorsicht zu geniessen, aber sie illustrieren die Grössenordnung und die Dringlichkeit des Problems.

Verschuldung im Sozialbereich heisst nichts anderes, als die Begleichung der überhöhten heutigen und versprochenen zukünftigen Ausgaben mit Zins und Zinseszins den nächsten Generationen aufzubürden. Man spricht zuweilen nicht ganz unzutreffend von *fiscal child abuse*. Angesichts der Grössenordnung sind aus ökonomischer Warte Reformen der Alterswerke in den OECD-Ländern unabwendbar. Die Frage bleibt, ob und wie das politisch machbar ist. Sowohl der IWF als auch die BIZ empfehlen, vor allem die Alterungskosten konstant zu halten. Der «am wenigsten unmögliche» Vorschlag besteht in einer generellen Anpassung des Renteneintrittsalters an die gestiegene Lebenserwartung. Diese Massnahme würde gleichzeitig die Beiträge erhöhen, die Auszahlungen senken und durch einen höheren Konsum den Gang der Wirtschaft unterstützen.

Wenn die ökonomische Literatur bisher von Schuldenkrisen sprach, meinte sie in der Vergangenheit fast ausschliesslich Entwicklungs-, Transitions- und Schwellenländer: Die «Peso-Krise» 1994/95 in Mexiko oder die Asienkrise 1997/98, die Thailand, Malaysia, Indonesien, die Philippinen, Korea und Taiwan sowie in deren Sog auch Russland in Mitleidenschaft zog. Zehn Jahre nach der letzten «typischen» Verschuldungskrise hat sich die globale Schul-

Die höchsten aller Schuldgefühle

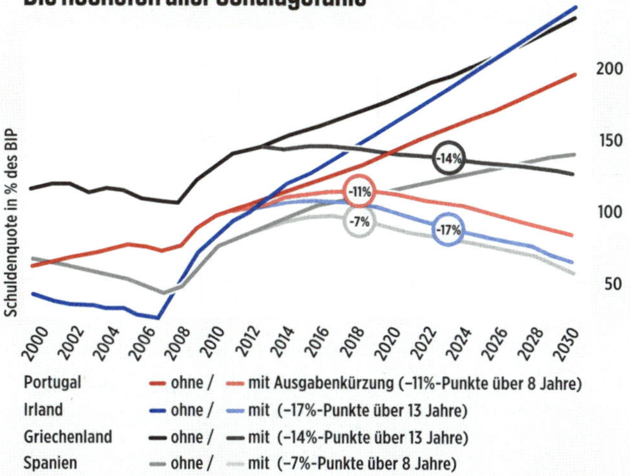

Portugal, Irland, Griechenland und Spanien (PIGS) stehen vor einer grimmigen finanziellen Zukunft. Um die angesammelten Schuldenstände vom Januar 2009 (im Falle Griechenlands fast 120 Prozent des BIP) bis 2030 zu stabilisieren, müssten sie in den nächsten 8 (Spanien) bis 13 Jahren (Irland, Griechenland) die Defizite um 7 (Spanien) bis 17 Prozentpunkte (Irland) verringern. Der für eine Normalisierung der Wirtschaft notwendige Schuldenabbau wäre damit erst am Anfang.

Quelle: Blundell-Wignall/OECD

dengeografie in ihr Gegenteil verkehrt. Einem überschuldeten, überalterten OECD-Raum stehen junge Schwellenländer mit vergleichsweise gesunden Staatsfinanzen und hohen Devisenreserven gegenüber.

SEITENBLICK: DIE SCHWEIZ

Am Ausgang der Krise steht die Schweiz im Unterschied zu vergleichbaren OECD-Länder geradezu vorbildlich da. Zwar sind die öffentlichen Schulden in den 1990er-Jahren auch hierzulande stark gestiegen, doch war die politische Disziplin vorhanden, mit konkreten Spar- und Verzichtsprogrammen den Trend zu brechen. Massgebend war dabei die 2003 eingeführte Schuldenbremse. Sie legt fest, dass ein Überschuss in guten Zeiten nicht für Mehrausgaben verwendet werden darf und limitiert die Ausgaben über einen Konjunkturzyklus hinweg auf die Höhe der Einnahmen. Diese einfache Regel erschwert es der Politik, Verlockungen nachzugeben, und erhöht die Anreize zu einer antizyklischen Finanzpolitik, das heisst in guten Zeiten zu sparen, um in Rezessionsphasen über ein Polster zu verfügen. Die Schuldenquote von Bund, Kantonen und Gemeinden gemeinsam betrug in den letzten Jahren leicht über 40 Prozent des BIP, und die jährlichen Defizite bewegten sich um den Nullpunkt.

Allerdings wird die doppelte Alterung auch in der Schweiz die öffentlichen Finanzen in einem Masse belasten, das noch wenigen bewusst ist. In einer wenig beachteten Studie [17] hatte der Bund 2008 versucht, diese Mehrausgaben für Alterung, Gesundheit und Langzeitpflege bis ins Jahr 2050 zu berechnen. Naturgemäss sind solche Langfristprognosen mit Unsicherheiten behaftet, da zahlreiche Annahmen über Wachstum, Produktivität, Steuereinnahmen und Inflation getroffen werden müssen. Trotzdem lassen sich aufgrund der recht zuverlässigen Bevölkerungs- und Alterungsdaten zumindest die Dimensionen einigermassen abschätzen. Die Ergebnisse sind beunruhigend. 2005 beliefen sich die Ausgaben für Bildung, Alterssicherung, Gesundheit und Pflege auf 15 Prozent, 2050 werden sie 20 Prozent des BIP erreichen. Den weitaus grössten Teil macht die Altersicherung aus, mit einer Zunahme von 10 auf

Kostenbeschleuniger Alterung

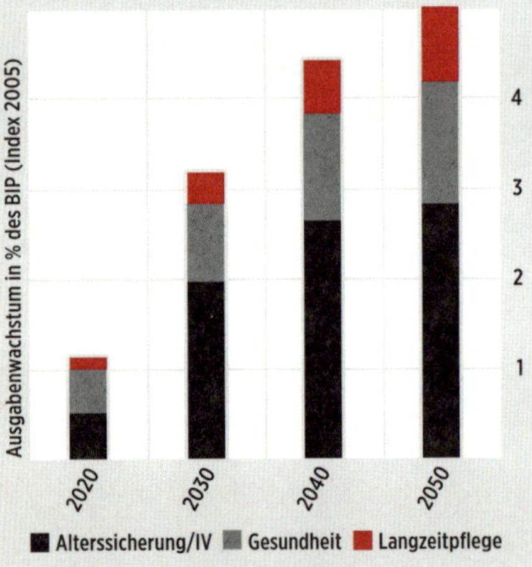

Das Ausgabenwachstum für die Alterungs-, Gesundheits- und Pflegekosten bleibt in der Schweiz mit einem Prozent des BIP bis 2020 gering, beschleunigt sich aber rasch bis 2050. Dann werden gegenüber 2005 zusätzlich 5 Prozent des BIP notwendig sein.

Quelle: EFD

13 Prozent. Die Langzeitpflege, die 2005 erst ein halbes Prozent des BIP ausmachte, wächst – ebenfalls aufgrund der Alterung – am schnellsten und wird sich 2050 auf 1,5 Prozent verdreifachen.

Die höheren Gesundheitskosten werden ebenfalls zu einem grossen Teil durch die verlängerte Lebenserwartung ausgelöst.

Das Ausgaben*wachstum* der drei Bereiche beschleunigt sich dabei. Bis 2020 bleibt das Wachstum gegenüber 2005 mit einem zusätzlichen Prozent des BIP noch gering, je rund ein halbes Prozent mehr für die Alterssicherung und die Gesundheitskosten. Bis 2050 werden gegenüber 2005 zusätzlich 5 Prozent des BIP notwendig sein, um diese Kosten zu bewältigen [Grafik links]. Die Kosten für die Langzeitpflege, die bis 2020 noch kaum zunimmt, wird 2050 gegenüber 2005 um fast 1 Prozent des BIP wachsen.

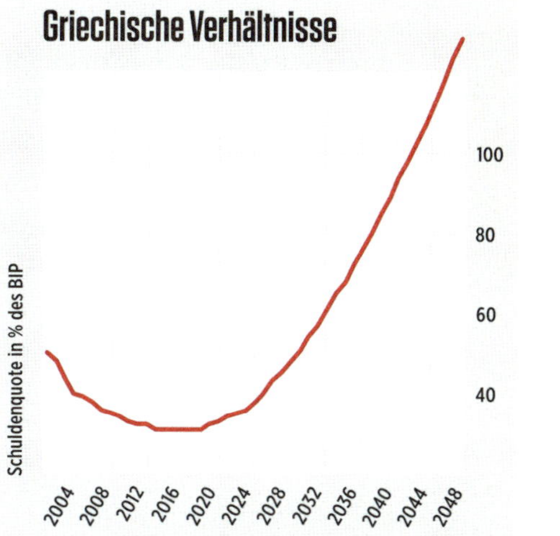

Bezieht man die zukünftigen Ausgaben für Alterssicherung, Gesundheit und Pflege aufgrund der gegenwärtigen Trends in die schweizerische Schuldenrechnung mit ein, würde der Schuldenstand ohne Reformen bis 2050 auf 129 Prozent des BIP steigen.

Wollte die Schweiz diese wachsenden Ausgaben bei einem gleichbleibenden Schuldenstand von 49 Prozent (2003) bewältigen, entstünde eine Finanzierungslücke *(fiscal gap)* von 1,4 Prozent des jährlichen BIP. So viel müssten Bund, Kantone, Gemeinden und Sozialversicherungen jedes Jahr zusätzlich sparen oder zusätzlich einnehmen. Zwar ist unterdessen der öffentliche Schuldenstand von Bund, Kantonen und Gemeinden vor allem dank der Schuldenbremse 2008 auf 41 Prozent gesunken, aber die Studie hatte optimistisch mit einem Beginn dieser zusätzlichen Sparmassnahmen ab 2010 gerechnet. Je später die Einsparungen beginnen, umso weiter wächst diese Lücke, und umso grösser sind die späteren finanziellen Opfer. Ohne Gegenmassnahmen würde die schweizerische Staatsverschuldung von 49 Prozent im Jahre 2003 auf 129 Prozent im Jahre 2050 steigen [Grafik Seite 99]. Auch in der Schweiz reicht ein kurzfristig ausgeglichener Haushalt nicht mehr aus, um angesichts der ab 2020 anfallenden Alterungs-, Sozial- und Bildungskosten einen langfristig ausgeglichenen öffentlichen Haushalt zu erreichen. Während die Schuldenbremse die allgemeinen öffentlichen Kosten erfolgreich unter Kontrolle hält, besteht derzeit noch kein entsprechendes Instrument für die steigenden Kosten der Sozialversicherungen.[18] In der Schweiz besteht die Chance und gleichzeitig das Problem darin, dass die Zerrüttung der öffentlichen Finanzen noch nicht stattgefunden hat, aber die Weichen für eine Sanierung trotzdem heute gestellt werden müssten.

FAZIT

Die globale Verschuldungsgeografie hat sich innerhalb eines Jahrzehnts umgekehrt. Nicht mehr Entwicklungs- und Schwellenländer, sondern OECD-Länder leiden unter einer hohen öffentlichen und privaten Verschuldung.

Die Krise hat die bestehende Verschuldung verschärft. Die grösste Herausforderung der OECD-Wohlfahrtsstaaten bleibt die «implizite Verschuldung» durch die zukünftigen Ausgaben für Alters-, Gesundheits- und Pflegeleistungen.

Die Konsolidierung der öffentlichen und privaten Finanzen und die Sanierung der verschuldeten Finanzinstitute werden mehrere Jahre in Anspruch nehmen. Das globale Wachstum wird durch das gleichzeitige Sparen der europäischen Länder gebremst.

Weiterführende Literatur:

Martin Wolf: Fixing Global Finance (2008)

Bank Vontobel: Von der Finanz- zur Schuldenkrise (Studie, März 2010)

The Economist: Special Report on Debt (Beilage, 26.6.2010)

1 McKinsey Global Institute, Global Capital Markets: Entering a New Era, McKinsey & Company: September 2009, S. 7.

2 OECD, Economic Outlook No. 87, OECD: Mai 2010.

3 Die direkten Kosten der Krise (Kapitalzuschüsse, Aufkäufe von *toxic assets*, Liquiditätszuschüsse der Nationalbanken) machten, inklusive aller Garantien (z. B. Erhöhung der Einlagensicherung), gemessen am BIP in den USA 73,7 Prozent, in Grossbritannien 47,5 Prozent und in der Schweiz ebenfalls noch 21,1 Prozent aus. Ohne die Garantien bemessen sich die Ausgaben auf rund 13 Prozent des BIP, was dem Durchschnitt vergangener Krisen entspricht. Stimulierungspakete und entgangene Steuereinnahmen sind in diesen Beträgen nicht enthalten. IWF, The State of Public Finances: Outlook and Medium-Term Policies After the 2008 Crisis, IWF: 6.3.2009, S. 7.

4 Im Stabilitäts- und Wachstumspakt beschloss die EU 1996, dass zwei der insgesamt vier «Maastricht-Kriterien» auch nach dem Eintritt in die Eurozone Gültigkeit haben sollen: ein maximales jährliches Defizit von 3 Prozent und eine maximale Staatsschuld von 60 Prozent des BIP. Damit sollte die Stabilität der neuen Währung gewährleistet werden. Die anderen beiden Kriterien (Inflationsrate und langfristiger Zinssatz) waren lediglich für den Eintritt in die Währungsunion ausschlaggebend.

5 Entsprechend bescheiden waren ihre Stimulierungspakete: in China nur 0,5 Prozent des BIP, in Brasilien 1,5 Prozent und in Indien 5,6 Prozent. IWF, The State of Public Finances: Outlook and Medium-Term Policies After the 2008 Crisis, IWF: 6.3.2009, S. 7.

6 Spricht man im wirtschaftspolitischen Kontext von Verschuldung, ist generell die Bruttoverschuldung gemeint. Zur Ermittlung der Nettoschulden wird von den Bruttoschulden das Finanzvermögen abgezogen. Der Einbezug der Vermögensseite wirft allerdings erhebliche Probleme auf, da Bestandteile des Vermögens (Infrastrukturen, Immobilien) zum Teil nur schwierig bewertet werden können.

7 McKinsey Global Institute, Debt and Deleveraging: The Global Credit Bubble and the Economic Consequences, McKinsey & Company: Januar 2010, S. 3.

8 Das Gesamtvolumen der globalen Mergers & Acquisitions hatte sich von 2007 auf 2008 von 4,2 auf 2,1 Billionen USD halbiert, der asiatische Anteil sank lediglich von 460 Milliarden USD (2007) auf 428 Milliarden USD (2008). Financial Times, «Deals & Dealmakers», in: Financial Times, 18.3.2010, S. 2.

9 IWF, The State of Public Finances: Outlook and Medium-Term Policies After the 2008 Crisis, IWF: 6.3.2009, S. 45.

10 Auf besonderen Widerstand stossen Kürzungen von bereits laufenden Renten. In Ländern wie Japan, wo die Rentenzahlungen von Unternehmen abhängen, wurde dieses Tabu bereits gebrochen. Obwohl eine Änderung von einer Zweidrittelmehrheit der Rentner abhängt, haben die ehemaligen Angestellten der insolventen Japan Airlines im März 2010 einer Rentenkürzung um 50 Prozent zugestimmt, um das Überleben des gesamten Systems zu retten. Geringe Anleiherenditen, schwaches Wachstum und eine rasch alternde Bevölkerung liessen letztlich keine andere Lösung zu. Zahlreiche weitere japanische Unternehmen sind daran, ähnliche Schritte einzuleiten. Japan Air Said to Consider Dissolving Pension Fund for Retirees. Business Week, 10.1.2010.

11 OECD, Pension Outlook, OECD, 2008.

12 Analysen von erfolgreichen Reformbeispielen der jüngeren Vergangenheit zeigen regelmässig auf, dass die Krise ein kritisches Element für das Auslösen von Reformen darstellt. Siehe Hans Rentsch, Stefan Flückiger, Thomas Held, Die Ökonomik der Reform, Orell Füssli: 2004.

13 James Carville, Berater des ehemaligen US-Präsidenten Bill Clinton, wurde mit folgendem Zitat berühmt:

«I used to think if there was reincarnation, I wanted to come back as the president or the pope or a 400 baseball hitter. But now I want to come back as the bond market. You can intimidate everybody.» Wall Street Journal, 25.2.1993, S. A1.

15 Der Vontobel Risk Index enthält sieben gewichtete Risikofaktoren: aktuelle Verschuldung, konjunkturbereinigter Primärhaushalt, Verhältnis Nominalzins/BIP-Wachstum, Ertragsbilanzdefizit, Produktivitätswachstum, vergangene Konsolidierungserfolge, durchschnittliche Laufzeit der Staatsschulden. Vontobel, Investors' Insight: Von der Finanz- zur Schuldenkrise: Auswirkungen auf Wirtschaft und Finanzmärkte. März 2010, S. 11–12.

15 Stephen G. Cechetti, M.S. Mohanty, Fabrizio Zampoli, The Future of Public Debt: Prospects and Implications, Working Papers No. 300, BIZ: März 2010.

16 Frankreich: 2,8 Prozent; Deutschland: 2,4 Prozent; Japan: 4,5 Prozent; Grossbritannien: 3,5 Prozent. Stephen G. Cechetti, M.S. Mohanty, Fabrizio Zampoli, The Future of Public Debt: Prospects and Implications, Working Papers No. 300, BIZ: März 2010, S. 11.

17 W. Weber, P.-A. Bruchez, C. Colombier, D. Gerber, Langfristperspektiven der öffentlichen Finanzen der Schweiz, Eidgenössische Finanzverwaltung: April 2008.

18 W. Weber, P.-A. Bruchez, C. Colombier, D. Gerber, Langfristperspektiven der öffentlichen Finanzen der Schweiz, Eidgenössische Finanzverwaltung: April 2008. Die Kosten der Sozialversicherungen sind allerdings von der Schuldenbremse ausgenommen. Der Bundesrat prüft im Rahmen seiner Langfristperspektiven, ob für den Sozialversicherungsbereich ein ähnliches Instrument wie die Schuldenbremse möglich wäre. EFD, Auslegeordnung der Finanzpolitik, 12.3.2010.

19 Die AHV ist bereits heute nur noch zu zwei Dritteln ein umlagefinanziertes System, der Rest wird durch andere Finanzquellen wie Tabak- und Alkoholsteuer, allgemeine Bundesmittel und Mehrwertsteuerprozente finanziert.

DAS ENERGIEDILEMMA

Das ungestüme Wachstum der Schwellenländer, das atemberaubende Tempo der Urbanisierung, der Bedarf an zusätzlicher Infrastruktur für Produktion, Transport und Kommunikation – kurz der Eintritt von mehreren Milliarden Menschen in die Globalisierung und damit in westliche Konsum- und Produktionsmuster, ist auf Gedeih und Verderb auf eine sichere und wachsende Versorgung mit Energie angewiesen.[1] Die Energiepolitik ist sozusagen der Maschinenraum der Globalisierung.

Die Schwellenländer sind heute die eigentlichen «Industrieländer», mit zwei bedeutenden Unterschieden zu ihren Vorgängern in Europa und Nordamerika: Die Entwicklung geht viel rascher vor sich, und die betroffene Bevölkerung ist um ein Vielfaches höher, vor allem aufgrund der beiden Giganten China und Indien. 2009 verbrauchte China zum ersten Mal mehr Energie als die USA. Zehn Jahre zuvor war es lediglich die Hälfte. Indiens Energiekonsum, zurzeit noch bescheiden, wird sich massiv entwickeln.

Mit dieser Dynamik stellen sich einerseits Fragen des Zugangs und der Nutzung der wichtigsten, begrenzt verfügbaren Energieträger. Andrerseits schafft der mit dem Energieverbrauch rasant wachsende CO_2-Ausstoss ökologische Herausforderungen von globalem Ausmass – die in dem Moment ins globale Bewusstsein rücken, in dem der Energiebedarf besonders stark steigt und die Endlichkeit der fossilen Energien am Horizont erscheint. Angesichts der strategischen Bedeutung der Energieversorgung besitzt die globale Energiepolitik ein unmittelbares politisches Konfliktpotenzial und teilt die Welt noch deutlicher in die zwei bekannten Kategorien, die energiehungrigen Schwellen- und Entwicklungsländer und die energiegesättigten OECD-Länder.

TREND: ENERGIE

Die Internationale Energieagentur IEA[2] in Paris entwirft jährlich langfristige Energieszenarios und versucht die Möglichkeiten und Kosten einer nachhaltigen Energie- und Klimapolitik abzuschätzen. Die nachfolgenden Beschreibungen stützen sich hauptsächlich auf diese Analysen.

Globale Energienachfrage verschiebt sich nach Asien

Das *Referenzszenario* der IEA geht illustrativ von der Annahme aus, dass die bestehenden Energie- und Umwelttrends sich auf der bisherigen Basis weiterentwickeln, ohne fundamentale Veränderungen der Politik. Gemäss diesem aktuellen Trend steigt der weltweite Energieverbrauch bis 2030 jährlich um 1,5 Prozent. Demnach werden 2030 weltweit 40 Prozent mehr Energie konsumiert als heute. Diese Zunahme findet zu über 90 Prozent in Ländern ausserhalb des OECD-Raums statt [Grafik rechts]. China und Indien alleine sind für 53 Prozent der Zunahme verantwortlich. China produziert zum Beispiel rund 43 Prozent des gesamten Weltkohleverbrauchs, nahezu alles zum Eigengebrauch.

BOX: REFERENZSZENARIO VS. 450-SZENARIO

Das so genannte Referenzszenario der IEA geht von einer linearen Fortführung der bestehenden Trends aus. Dabei handelt es sich nicht um eine Prognose, sondern um eine Berechnung. Diesem Referenzszenario stellt die IEA ein ehrgeiziges 450-Szenario gegenüber. Es beschreibt Voraussetzungen, Massnahmen und Investitionen, die notwendig wären, um die Konzentration der Treibhausgase in der Atmosphäre langfristig auf 450 ppm zu limitieren. Das aktuelle Niveau beträgt gemäss IEA 445 ppm. Beruhend auf den Berechnungen des IPCC würde damit der globale Temperaturanstieg auf 2°C begrenzt. Diese Erwärmung wird in der gegenwärtigen Klimadebatte als mögliche obere Toleranzgrenze eines Anstiegs betrachtet.

Quelle: IEA

Pro Woche entstehen im Land zwei neue 500-Megawatt-Kohlekraftwerke.[3] Chinas Bedarf an Elektrizität wächst um 4,5 Prozent pro Jahr und dürfte bereits 2015 das Volumen der USA und Europas übertreffen. Indien weist die weltweit höchste Zunahme auf (jährlich fast 6 Prozent). Der Gesamtverbrauch beträgt 2030 aber trotz ähnlich grosser Bevölkerung wie China erst einen Sechstel. Trotz diesem rasanten Wachstum werden 2030 weltweit noch immer 1,3 Milliarden Menschen ohne Elektrizität sein, gegenüber 1,5 Milliarden 2007. In den OECD-Ländern nimmt der Energieverbrauch bis 2030 zwar ebenfalls zu, der Anteil an Erdöl und Kohle jedoch geht zurück. Schwellenländer wie China weisen darauf hin, dass ihr Energieverbrauch in absoluten Zahlen zwar dramatisch zunimmt, pro Kopf jedoch noch weit hinter dem OECD-Konsum liegt. Das trifft zu. Im Referenzszenario wird China auch im Jahr 2030 erst halb so viel Energie pro Kopf konsumieren wie der OECD-Durchschnitt, Indien erst ein Fünftel. Afrikas Pro-Kopf-Konsum geht bis 2030 zurück, ein Resultat der beschleunigten Bevölkerungsentwicklung [Grafik Seite 108].

Mehr Kohle

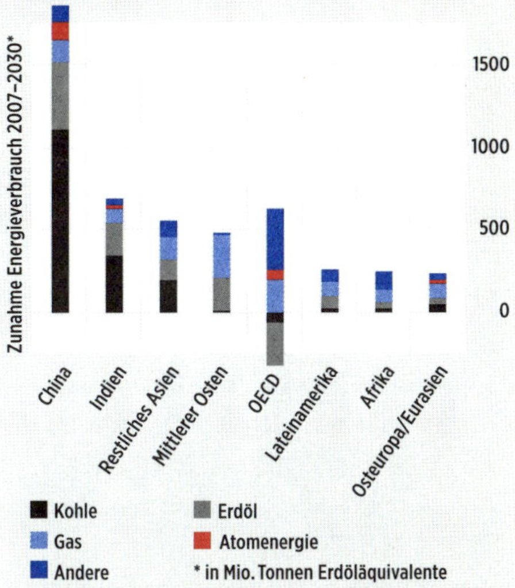

Über 90 Prozent des zusätzlichen Energieverbrauchs bis 2030 finden ausserhalb des OECD-Raums statt. Der Anteil Chinas und Indiens übertrifft dabei die Zunahme aller anderen Länder. Sie benötigen vor allem Kohle zur Stromproduktion.

Quelle: IEA

Oft nicht beachtet wird die gute Neuigkeit, dass die Intensität des Energieverbrauchs – trotz schwindelerregendem Anstieg des Energiekonsums – insgesamt abnimmt . Global wird die Erhöhung des Wohlstands mit immer

Energie-Zunahmi

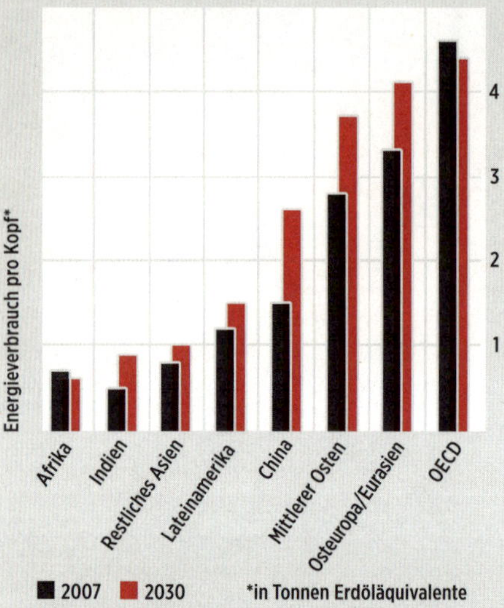

Der Pro-Kopf-Verbrauch in der OECD geht bis 2030 zurück. Die Werte in China und Indien werden sich fast verdoppeln. Indien konsumiert pro Kopf 2030 trotzdem nur 20 Prozent des durchschnittlichen OECD-Verbrauchs, die grosse Zunahme steht noch bevor.

Quelle: IEA

weniger Energie erreicht. So ist das Welt-BIP in den vergangenen 35 Jahren um 167 Prozent gewachsen, der Bedarf an Energie jedoch «nur» um 96 Prozent.[4]

Strategische Versorgungssicherheit steht im Mittelpunkt

Erdöl, Erdgas und Kohle werden auch in absehbarer Zukunft die wichtigsten Energieträger bleiben [Box rechts]. Der notwendige Vorrat an diesen Ressourcen, um den globalen Energiebedarf zu decken, ist gemäss verfügbaren Daten weit über das Jahr 2030 hinaus vorhanden. Darin nicht eingerechnet sind die Ölsandvorkommen, deren Abbau allerdings technologisch komplizierter, kostspieliger, CO_2-intensiver und umweltpolitisch bedenklicher ist. Dennoch stellen sich heute für alle Netto-Rohstoffimporteure Fragen der Zulieferungssicherheit. Die wichtigsten Vorkommen an Erdöl, Erdgas und Kohle sind geografisch auf wenige Länder und Regionen konzentriert. Die Förderung von Erdöl, Erdgas und Kohle wird in den OECD-Ländern bis 2030 stagnieren. Die wichtigsten Energieproduzenten und Transportrouten befinden sich im Nahen und Mittleren Osten. Angesichts der heiklen politischen Situation in dieser Region ist der Nachschub von politischen Unsicherheiten belastet und nicht uneingeschränkt gewährleistet. Von insgesamt 17 ernsthaften Unterbrechungen seit 1970 fanden 13 in dieser Region statt.

BOX: ERDÖLVERVERBRAUCH AUF EXPANSIONSKURS

Der Bedarf an Erdöl, nach wie vor die wichtigste Energiequelle, wird von heute 85 Millionen Barrel pro Tag im Referenzszenario bis 2030 auf 105 Millionen Barrel pro Tag steigen. Der allergrösste Teil des zusätzlichen Erdöls wird für das rasant wachsende Transportwesen benötigt, das noch immer fast ausschliesslich auf Erdöl angewiesen ist.

Der Bedarf des OECD-Raums geht bis 2030 zwar leicht zurück, bleibt aber seit 1980 stabil bei rund 40 Millionen Barrel pro Tag, während der Verbrauch der übrigen Regionen stark ansteigt. China war 2008 erstmals Netto-Erdölimporteur. 2030 wird China alleine rund 16 Millionen Barrel pro Tag benötigen. Damit wird China 2030 fast ebenso viel Erdöl verbrauchen wie die USA.

Das Volumen des Gesamt-Erdölvorkommens dürfte sich bis 2030 halbieren (Stand 2010: zwei Drittel). Darin nicht eingerechnet sind die Ölsandvorkommen, deren Abbau jedoch technologisch komplizierter, kostspieliger, CO_2-intensiver und umweltpolitisch bedenklicher ist.

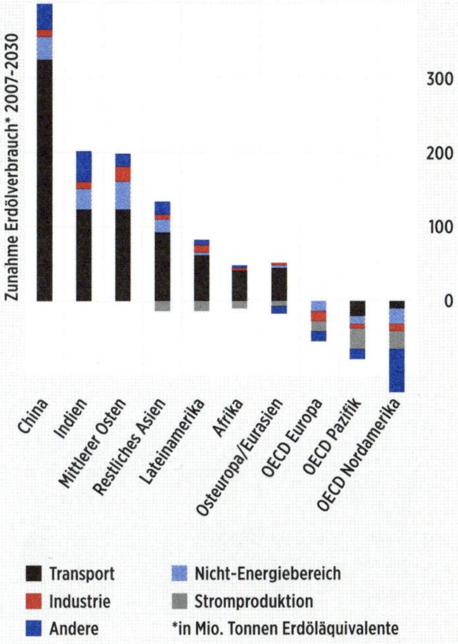

Quelle: IEA

Der steigende Energiebedarf in Asien erhöht nicht nur die Konkurrenz auf den Energiemärkten, sondern schafft auch unerwartete neue Allianzen. China und Indien haben als Netto-Energieimporteure dieselben Interessen wie OECD-Länder gegenüber den Netto-Energieexporteuren, vor allem den erdöl- und erdgasproduzierenden Ländern aus dem Nahen und Mittleren Osten und Russland: ein konfliktfreier Transport und Handel von Energieträgern, eine höhere Energieeffizienz und die Entwicklung und Förderung alternativer Energien. Hier zeichnen sich sowohl Möglichkeiten für politische Allianzen sowie, in Zeiten von Knappheiten und Versorgungsunterbrüchen, Bruchstellen für potenzielle Konflikte ab.

TREND: KLIMA

Der rasante Anstieg des Konsums fossiler Energie bewirkt eine höhere Umweltbelastung, vorab durch einen steigenden CO_2-Gehalt in der Atmosphäre. Der Verbrauch von Energie verursacht gemäss IEA rund 84 Prozent des menschlich verursachten CO_2-Ausstosses. Die neuen Champions des Wachstums werden auch die neuen Champions der Verschmutzung. OECD-Länder haben 150 Jahre ressourcenintensive Entwicklung hinter sich. Der hohe Wohlstand, den sie erreicht haben, gründet auf der Nutzung von Kohle, Erdöl und Erdgas und dem entsprechenden CO_2-Ausstoss. Das gleiche Recht, diese Energiequellen für ihren Fortschritt zu nutzen, fordern Schwellen- und Entwicklungsländer ebenfalls ein.

CO_2 mal zwei

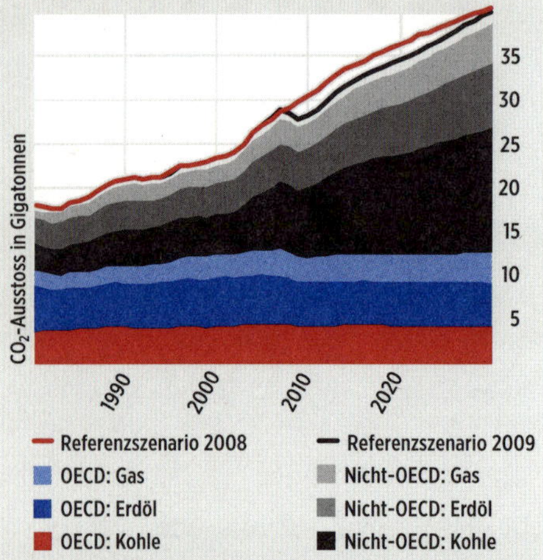

Die Krise 2008 führte zum ersten Mal seit 1992 zu einem deutlichen Rückgang der CO_2-Produktion (schwarze Linie). Längerfristig wird gegenüber dem Trend vor der Krise (rote Linie) jedoch nur eine Delle zurückbleiben. Die CO_2-Emissionen der OECD-Länder bleiben bis 2030 stabil. Die gesamte zusätzliche CO_2-Produktion geht auf das Konto der Schwellen- und Entwicklungsländer, insbesondere aufgrund des stark zunehmenden Kohleverbrauchs.

Quelle: IEA

CO_2-Ausstoss nimmt ausserhalb der OECD zu

Zwar verringerte sich aufgrund der Wirtschaftskrise 2008 und 2009 der globale CO_2-Ausstoss zum ersten Mal seit 1992. Im Rückblick wird dieser Einbruch jedoch nur eine vorübergehende Delle hinterlassen. Im Referenzszenario der IEA wird der CO_2-Ausstoss parallel zum Energiekonsum ebenfalls jährlich um 1,5 Prozent wachsen, was 2030 einem Gesamtvolumen von 40,2 Gigatonnen CO_2 oder einer Konzentration von 1000 ppm[5] entspricht [Grafik links].[6]

Die gesamte künftige globale Zunahme des CO_2-Ausstosses wird ausserhalb des OECD-Raums produziert. Der CO_2-Ausstoss der OECD-Länder bleibt bereits seit 1980 stabil [Grafik rechts]. 2030 wird er sogar 3 Prozent unter dem Wert von 2007 liegen, dank höherer Energieeffizienz, dem Einsatz von Nuklearenergie und dem wachsenden Gebrauch von alternativen Energien. In den Schwellenländern hingegen wird ein starker Anstieg des CO_2-Ausstosses beobachtet, hauptsächlich aufgrund des massiven Anstiegs des Kohleverbrauchs.

Kein prima Klima in China

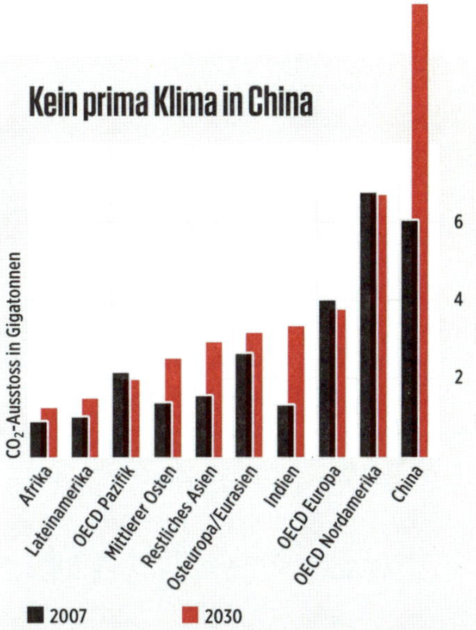

Analog zum Energieverbrauch wird sich der CO_2-Ausstoss in China bis 2030 verdoppeln, in Indien, im übrigen Asien und im Mittleren Osten ebenfalls, allerdings auf tieferem Niveau. In den OECD-Ländern Europas und Nordamerikas wird er sich leicht verringern. 2030 werden die CO_2-Emissionen Chinas jene der gesamten OECD übertreffen. Indiens Werte werden sich aufgrund der Wohlstandsentwicklung erst nach 2030 beschleunigen.

Quelle: IEA

Zuordnung der «CO_2-Schuld» ist schwierig

Zankapfel der internationalen Klimaverhandlungen ist die Zuordnung der Verantwortlichkeit. Wer ist für welchen CO_2-Ausstoss verantwortlich? Wer soll seinen Ausstoss um wie viel senken? Die Frage ist nicht einfach zu beantworten, denn der CO_2-Ausstoss kann auf verschiedene Weisen gemessen und verglichen werden, was zu unterschiedlichen Resultaten führt. Zum einen ist der CO_2-Ausstoss abhängig davon, wie CO_2-intensiv die Wirtschaft eines Landes arbeitet. Qatar führt diese Rangliste mit 58 Tonnen CO_2 pro Kopf und Jahr an, zehnmal mehr als der weltweite Durchschnitt. Zum Vergleich: China verursacht heute lediglich 4,6 Tonnen, Indien 1,2 Tonnen pro Kopf und Jahr.[7] Aufgrund der mehr als viermal grösseren Bevölkerung erreicht China jedoch einen ähnlichen Gesamt-CO_2-Ausstoss wie die USA.

Mit steigendem Wohlstand nimmt die CO_2-Intensität eines Landes in der Regel zunächst in einer industrieintensiven Phase zu und danach wieder ab, wenn sich die Industrie modernisiert und einem weniger energieintensiven

CO_2-Paradies Schweiz – CO_2-Paradox USA

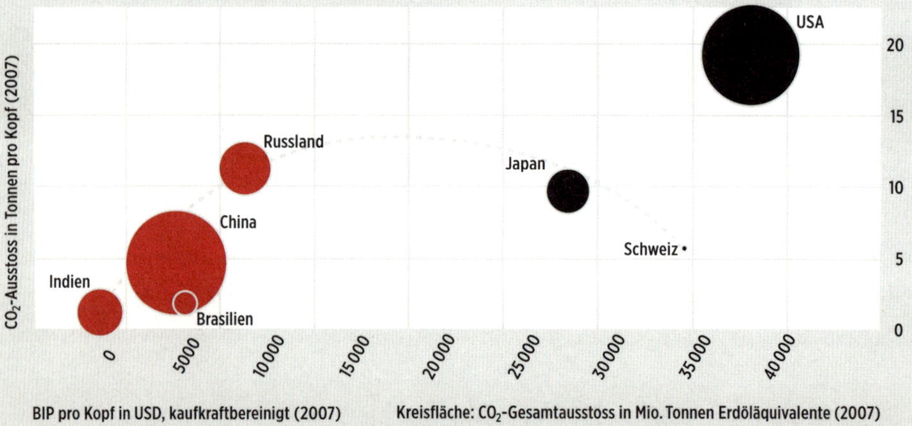

Länder erhöhen in der Regel in einer ersten industriellen Phase ihrer Entwicklung ihren CO_2-Ausstoss (Beispiel China). In einer zweiten Phase der Modernisierung hin zu einer Dienstleistungsgesellschaft (Beispiel Schweiz) sinkt er wieder, bei weiter steigendem Wohlstandsniveau. Die CO_2-Produktion pro Kopf in China und der Schweiz können deshalb ähnlich hoch sein, ihre Trends gehen aber in unterschiedliche Richtungen. Eine Ausnahme bildet die USA, die für einen mit der Schweiz vergleichbaren Lebensstandard rund doppelt so viel CO_2 produziert.

Quelle: IEA, eigene Darstellung

Dienstleistungssektor weicht. So weisen China und die Schweiz ähnliche CO_2-Pro-Kopf-Werte aus, aber aus sehr unterschiedlichen Gründen. Während Chinas Werte im Steigen begriffen sind, hat die Schweiz mit ihrer dienstleistungsintensiven Wirtschaft weltweit einen der tiefsten Werte erreicht [Grafik links]. Chinas stark wachsender Dienstleistungssektor und der Einsatz moderner Technologie verringert jedoch diese hohe CO_2-Intensität um 3 Prozent pro Jahr, ein Rekordwert. Solange die Gesamtwirtschaft jährlich um 8 bis 10 Prozent wächst und gleichzeitig die Bevölkerung weiter zunimmt, erhöht sich jedoch der Gesamtausstoss weiter. Für die Höhe des CO_2-Ausstosses sind über das Entwicklungsniveau hinaus noch weitere Faktoren massgebend. Das kulturell geprägte Konsumverhalten und die fiskalischen Anreize der Politik führen zu grossen Unterschieden innerhalb der OECD-Länder, insbesondere zwischen den USA und Europa. Die USA weisen bei ähnlichem Wohlstand pro Kopf einen doppelt so hohen Energie-Verbrauch und CO_2-Ausstoss aus wie die effizientesten europäischen Länder.

Zudem müssen in der politischen Diskussion länderspezifische Werte und entsprechende Forderungen mit Vorsicht behandelt werden. Die in China und anderen Schwellenländern CO_2-intensiv produzierten Konsum- und Investitionsgüter sind bekanntlich vorwiegend Exportgüter, die vor allem im OECD-Raum nachgefragt werden. Wichtig ist somit nicht nur die Frage, wo CO_2-intensiv produziert wird, sondern auch, wo CO_2-intensiv konsumiert wird. OECD-Länder sind in diesem Sinne die wichtigsten «Importeure» von CO_2. Durch unterschiedlich strenge nationale CO_2-Regimes besteht theoretisch für Unternehmen ein Anreiz, in günstigere Länder auszuweichen *(carbon leakage)*. Um das zu verhindern, drängen sich fiskalische Anreize wie eine CO_2-Steuer auf. Die Erfahrung mit solchen Instrumenten war in der Vergangenheit, im Zusammenhang mit Umwelt- und Sozialstandards, allerdings sehr zwiespältig. Sie öffnen Tür und Tor zu Missbrauch, Protektionismus und versteckten Handelsbarrieren, vor allem gegenüber Entwicklungsländern. Das Thema ist seit Langem Gegenstand von zähen Diskussionen im Rahmen der WTO.

CO_2-Ausstoss kann begrenzt werden

Trotzdem besteht heute bei allen politischen und wissenschaftlichen Meinungsunterschieden in der Klimapolitik ein internationaler Konsens, dass eine wirtschaftliche Entwicklung aufgrund der derzeitigen Trends langfristig nicht nachhaltig ist. Kurzfristig und im nationalen Alleingang ist eine Begrenzung von CO_2-Emissionen mit finanziellen Einbussen, Wachstumsverzichten und der Gefahr von Wettbewerbsnachteilen verbunden. Eine multilaterale Einigung wiederum lässt sich jedoch nur sehr schwierig finden, wie die Klimakonferenz von Kopenhagen im Dezember 2009 deutlich gezeigt hat.[8]

Die IEA schlägt in dieser delikaten Gemengelage eine ambiziöse Lösung vor, das 450-Szenario [Grafik unten]. Erstaunlich ist dabei, dass rund die Hälfte der CO_2-Reduktion gemäss IEA nur schon über eine verbesserte Energieeffizienz erreichbar wäre. Darüber hinaus versprechen erneuerbare Energien, Biokraftstoffe und Nuklearenergie sowie die CO_2-Speicherung (*Carbon Capture and Storage*

Effizienzgewinnler

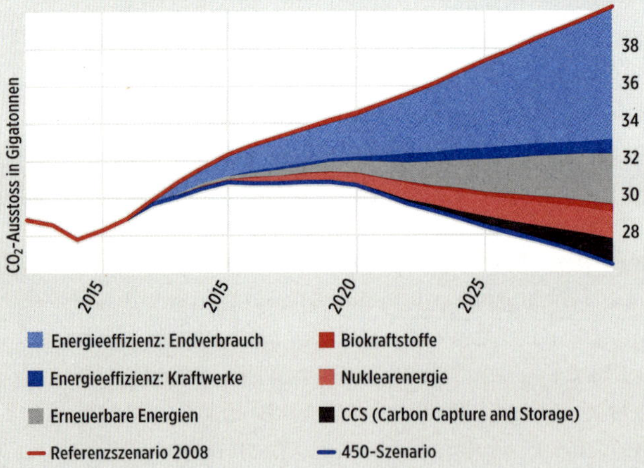

Um eine Reduktion des CO_2-Ausstosses vom gegenwärtigen Trend (Referenzszenario, rote Linie) auf das 450-Szenario (blaue Linie) zu erreichen, wären mehrere Massnahmen notwendig. Rund die Hälfte der Reduktion wäre durch eine verbesserte Effizienz erreichbar. Zudem würden die Verwendung von erneuerbaren Energien und eine Erhöhung des Atomenergieanteils erheblich CO_2 einsparen. Biokraftstoffe spielen auch in Zukunft eine eher bescheidene Rolle.

Quelle: IEA

CCS) eine weitere CO_2-Senkung. Nur schon die Abschaffung der Energiesubventionen mit ihrer konsumlenkenden Wirkung könnte den CO_2-Ausstoss bis 2020 um 6,9 Prozent senken.[9]

Um das Ziel des 450-Szenarios zu erreichen, sind erhebliche finanzielle Mittel notwendig, gemäss IEA insgesamt etwa 10 500 Milliarden USD zwischen 2010 und 2030 [Grafik rechts]. Drei Viertel der Kosten fallen dabei nach 2020 an.[10] Rund 45 Prozent der Investitionen müssten im Transportwesen und etwa 20 Prozent in Gebäudetechnik getätigt werden. 5000 Milliarden USD müssen in OECD-Ländern investiert werden, über 3000 Milliarden USD in Schwellenländern und der Rest in Entwicklungsländern. In China und in den USA fallen die höchsten Kosten an. Ohne diese zwei grössten CO_2-Emittenten ist eine Lösung weder möglich noch sinnvoll.

Kühlungskosten

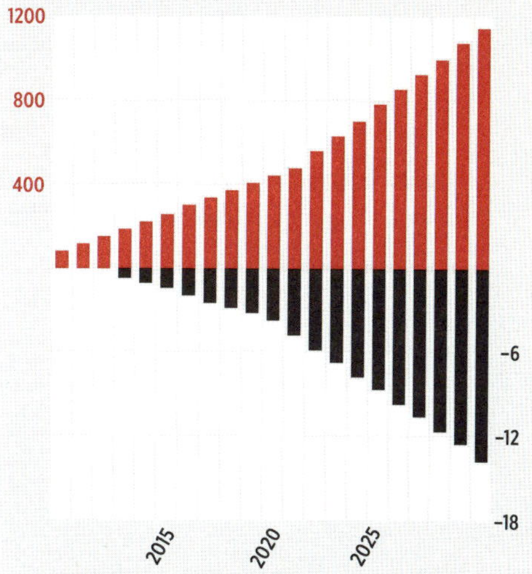

Um die Klimaerwärmung auf 2º C zu begrenzen, wären bis 2030 rund 10 500 Milliarden USD nötig. Dieser Betrag würde von rund 75 Milliarden USD (2010) bis 1150 Milliarden USD (2030) stetig ansteigen, entsprechend des wachsenden CO_2-Ausstosses und der damit notwendigen stärkeren Senkung. 2030 wären 1 Prozent des Welt-BIP für diese Massnahmen notwendig, rund das Dreifache der heutigen globalen Entwicklungszusammenarbeit.

Quelle: IEA

Im Rahmen des *Bali Action Plan*[11] wurde bereits festgehalten, dass die OECD-Länder die Schwellen- und Entwicklungsländer bei ihren Reduktionsbemühungen unterstützen sollen. Wie hoch und durch welche Mechanismen diese Unterstützung fliessen könnte, ist noch offen. Unter der Annahme, dass sich die OECD-Länder hälftig an den Kosten der Entwicklungsländer beteiligen würden, müssten die OECD-Länder 2020 gemäss IEA[12] zusätzlich knapp 100 Milliarden USD pro Jahr entrichten. Im Gegenzug fordern vor allem die OECD-Länder die Abschaffung der Subventionen für den Energiekonsum [Box unten].[13]

Aus zwei Gründen werden die Schwellen- und Entwicklungsländer, allen voran China und Indien, in der Energie- und Umweltpolitik international nur zu wenigen Kompromissen Hand bieten, einem äusseren und einem inneren.[14] Gegen aussen werden China und Indien alles daransetzen, ihre neue Rolle als globale Mächte aufrechtzuerhalten und auszubauen. Ein konfliktfreier

BOX: STAATLICH SUBVENTIONIERTE VERSCHMUTZUNG

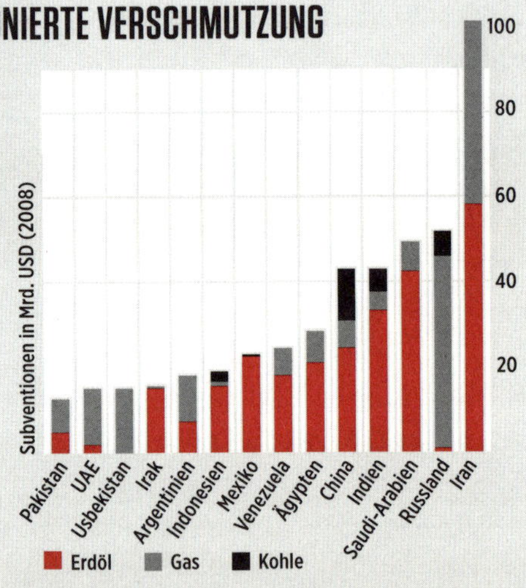

Quelle: IEA

Schwellen- und Entwicklungsländer subventionieren ihren Energieverbrauch mit enormen Summen. Gemäss IEA wurde der Energiekonsum 2008 in 37 aufstrebenden und Entwicklungsländer mit insgesamt 557 Milliarden USD subventioniert.[15] Alleine China und Indien vergaben im Jahr 2008 je über 40 Milliarden USD, der Iran über 100 Milliarden USD, um die Verkaufspreise unter die Marktpreise zu senken.[16]

Die künstliche Verzerrung der Energiepreise hat Folgen. Sie entfernt den Anreiz zu einem ökonomischen Umgang mit Energie, sie verlangsamt die Entwicklung von umweltfreundlicheren Technologien, und sie belastet die öffentlichen Haushalte.

Vor allem jedoch verfehlen die Subventionen ihre eigentliche Wirkung. Sie unterstützen nicht die ärmsten Bevölkerungsschichten, sondern primär die städtischen, besser gestellten Haushalte und Unternehmen. Einmal eingeführt, ist diese Politik nur gegen hohe Widerstände wieder zu korrigieren. Die globale Auswirkung dieser Politik ist enorm. Durch eine graduelle Abschaffung der Subventionen würden bis 2020 die weltweite Energienachfrage gegenüber dem gegenwärtigen Trend um 5,8 Prozent und der CO_2-Ausstoss um 6,9 Prozent tiefer liegen.

Quellen: IEA/OPEC/OECD/Weltbank

und permanenter Zugang zu Energieressourcen ist dazu unabdingbar. Energiepolitik war schon immer auch Geostrategie. Die aktuellen Bemühungen Chinas und anderer Länder, sich auf anderen Kontinenten Rohstoffquellen zu erschliessen und zu sichern, zeugen von diesen langfristigen strategischen Überlegungen.

Nimmt man die Geschichte als Massstab, darf man davon ausgehen, dass nicht nur die bisherigen Weltmächte, sondern auch die Schwellenländer bereit sind, die internationalen Beziehungen aus Gründen der Energiesicherheit einiger Belastung auszusetzen. Gegen innen haben die sichtbaren Erfolge der Globalisierung, die Verringerung der Armut, die Verbesserung in Bildung, Gesundheit und Wohlstand, in der Bevölkerung hohe Erwartungen an die Zukunft geweckt. Die Regierungen stehen unter Druck, diese Versprechen einzulösen. Sie zu erfüllen, ist in vielen Ländern eine politische Überlebensfrage.

SEITENBLICK: DIE SCHWEIZ

Wie in allen anderen OECD-Ländern ist der Energieverbrauch in der Schweiz nach dem Zweiten Weltkrieg rasant gestiegen und hat sich seit 1950 mehr als verfünffacht. Seit den 1970-er Jahren hat sich in der Folge der Erdölkrise der Erdölverbrauch stabilisiert, bis dahin lag der Anteil bei rund 80 Prozent. Seither ist vor allem die Nachfrage nach Elektrizität gestiegen. Der Pro-Kopf-Verbrauch hat zwar seit 1990 um 0,7 Prozent abgenommen. Da jedoch die Wohnbevölkerung in derselben Zeitspanne um 13,5 Prozent gewachsen ist, hat sich auch der Gesamtenergieverbrauch um 12,7 Prozent erhöht. 2008 wurden noch 55,5 Prozent des Energieverbrauchs mit fossilen Energieträgern gedeckt (Erdöl: 45,5 Prozent; Erdgas: 10,0 Prozent), 24,2 Prozent durch Nuklearenergie, 11,5 Prozent durch Wasserkraft und die restlichen 9,1 Prozent durch feste Brennstoffe (Holz, Müll). Unter den erneuerbaren Energien macht die Sonnenenergie 2008 erst 0,15 Prozent und die Windenergie 0,01 Prozent aus.[17]

Atommacht Schweiz

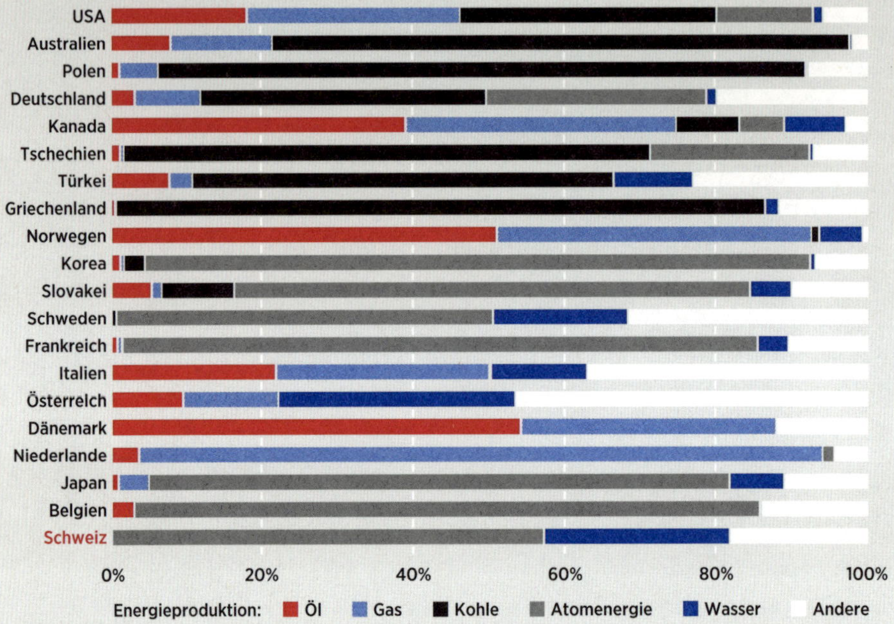

Die Schweiz gehört zusammen mit Belgien, Frankreich, Korea, Japan, der Slowakei, Spanien und Schweden zu jenen Ländern, die sich für einen erheblichen Anteil ihrer Energieproduktion auf nukleare Energie stützen. Der Rohstoffmix zur Energieherstellung variiert erheblich unter OECD-Ländern. Gemeinsam mit Schweden und Österreich gehört die Schweiz auch zu den wichtigsten Nutzern von Wasser als Energieträger. Griechenland, Tschechien und die Türkei sowie Australien und auch die USA verwenden noch immer vorwiegend Kohle zur Energiegewinnung.

Quelle: IEA

Die bisherigen Bemühungen der Schweiz, ihren Anteil fossiler Energie zu verringern, sind enttäuschend.[20] Auch die Energieeffizienz konnte seit rund zwanzig Jahren kaum verbessert werden, Energieverbrauch und Wirtschaftsverbrauch wachsen im Gleichschritt. Nach 2020 muss zudem mit einer Lücke in der Stromversorgung gerechnet werden.[21] Eine konsensfähige Strategie für die langfristige Elektrizititätsversorgung ist noch nicht vorhanden. Ein Rückgang des Verbrauchs in der gewünschten Grössenordnung scheint kaum realistisch. Sowohl ein Ausbau der Kapazität der Wasserkraft (56 Prozent der Stromversorgung) wie der Kernkraft dürfte auf erhebliche politische Widerstände stossen.

Die Schweiz verzeichnet mit 6 Tonnen CO_2 pro Kopf unter allen OECD-Ländern eine der geringsten Energieintensitäten, rund dreimal weniger als Kanada, Australien oder die USA [Grafik unten]. Ihre Energieproduktion ist nicht zuletzt dank der Nuklear- und Wasserenergie sehr CO_2-sparsam.[22] Das schweizerische

Mikrosünder Schweiz

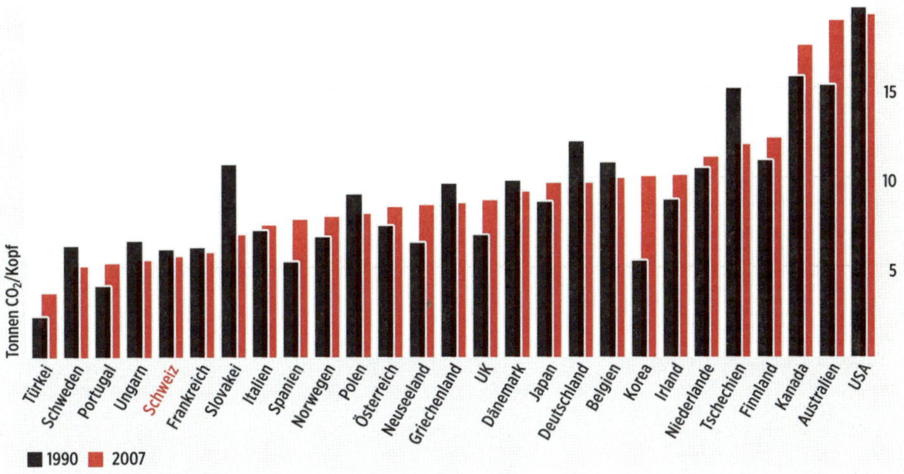

Die CO_2-Produktion der Schweiz liegt im OECD-Vergleich mit rund 6 Tonnen pro Kopf tief, nicht zuletzt aufgrund des grossen Anteils der Nuklear- und Wasserenergie. Der Wert ist allerdings seit 1990 auch nicht wesentlich gesunken. Trotz ähnlichen Lebensstandards unter den OECD-Ländern unterscheidet sich die Produktion pro Kopf erheblich, je nach Wirtschaftsstruktur. In vielen Ländern ist die Produktion in den letzten Jahrzehnten zudem weiter gestiegen. Die Pro-Kopf-Produktion von Kanada, Australien und den USA liegt rund dreimal höher als in der Schweiz.

Quelle: IEA

Bemühen um eine globale Verringerung des CO_2-Ausstosses ist politisch unabdingbar, und für die Innovationskraft des Landes wertvoll. Rein statistisch ist die schweizerische Klimapolitik im globalen Kontext allerdings irrelevant. Ihr Anteil am CO_2-Weltausstoss betrug 2007 0,14 Prozent[23] und bewegt sich im Bereich der Messfehler.

Die langfristige Energieversorgung der Schweiz ist mit mehreren Unsicherheiten behaftet. Für die Deckung ihres Energieverbrauchs ist sie zu rund 80 Prozent auf Importe (Erdöl, Erdgas, Uran) angewiesen. Die Schweiz versucht die Versorgungssicherheit vor allem dadurch zu sichern, dass der Erdöl- und Erdgasbedarf aus möglichst verschiedenen Quellen gespeist wird und das Land auf verschiedenen Transportwegen erreicht. Dabei ist das Verhältnis zum europäischen Umfeld zentral. Faktisch ist die Schweiz in die europäischen Energienetze eingebunden und damit auch von ihnen abhängig. 14 Prozent der Stromimporte stammen aus französischen Kernkraftwerken.[18] Sämtliche Importe aller Energiearten führen über europäische Kanäle. Umgekehrt ist die Schweiz eine wichtige Drehscheibe für den europäischen Strommarkt.[19] Die Energiepolitik der Schweiz kann somit nur gemeinsam mit dem europäischen Umfeld gestaltet werden.

FAZIT

Der gesamte zusätzliche Energieverbrauch findet ausserhalb der OECD-Länder statt, vor allem in China und Indien. Der Pro-Kopf-Verbrauch der Schwellenländer liegt aber noch weit unter jenem der OECD.

Die gesamte künftige Zunahme des CO_2-Ausstosses findet ausserhalb des OECD-Raums statt. Der Konsum der Güter, deren Produktion den CO_2-Ausstoss verursacht, findet jedoch noch immer vorwiegend in OECD-Ländern statt.

Entwicklungsländer benötigen für ihre Klimapolitik Unterstützung in der Höhe der gegenwärtigen Entwicklungszusammenarbeit. Fast die Hälfte des CO_2-Ausstosses könnte durch eine bessere Energieeffizienz erreicht werden.

Weiterführende Literatur:

Nicholas Stern: Review on the Economics of Climate Change («Stern Report», 2006)

Burton Richter: Beyond Smoke and Mirrors: Climate Change and Energy in the 21st Century (2010)

OECD: The Economics of Climate Change (2009)

1 Der Bedarf an Elektrizität wächst in China um 4,5 Prozent pro Jahr, in Indien um 4,9 Prozent pro Jahr. Der globale Elektrizitätsbedarf wird voraussichtlich von 17 TWh im Jahr 2010 auf 32 TWh im Jahr 2030 steigen. China ist für ein Viertel des Wachstums verantwortlich. OECD, Infrastructure to 2030, OECD: 2006, S. 161.

---

2 Die IEA wurde als Schwesterorganisation der OECD 1974 im Nachgang der Erdölkrise gegründet. Ursprünglich diente sie dem Zweck, die Erdöl-Pflichtlagerhaltung ihrer Mitglieder zu koordinieren, um für zukünftige Schocks gewappnet zu sein. Das IEA-Sekretariat in Paris hat sich zu einem weltweit führenden Analyse-Institut in Energiefragen entwickelt und verfügt über eine der vollständigsten Datenbanken über Energievorräte und Verbrauch einzelner Länder und Regionen. Der jährlich erscheinende World Energy Outlook gilt als führende Publikation im Energiebereich.

---

3 Massachusetts Institute of Technology. The Future of Coal. MIT: 2007.

---

4 IEA, Scoreboard 2009: 35 Key Energy Trends over 35 Years, 2009, S. 17 und S. 63.

---

5 ppm, «parts per million», wissenschaftliche Masseinheit für die CO_2-Konzentration in der Luft.

---

6 IEA, World Energy Outlook, OECD/IEA: 2009, S. 45.

---

7 IEA, World Energy Outlook, OECD/IEA: 2009, S.177.

---

8 Die COP15-Konferenz fand im Dezember 2009 in Kopenhagen statt. Die hohen Erwartungen, die an diese Konferenz geknüpft waren (verbindliche Festlegung von CO_2-Senkungszielen) wurden nicht erfüllt, da eine Einigung zwischen OECD- und Schwellenländern nicht zustande kam.

---

9 IEA/OPEC/OECD/Weltbank, Analysis of the Scope of Energy Subsidies and Suggestions for the G20 Initiative, 16.6.2010.

---

10 IEA, World Energy Outlook, OECD/IEA: 2009, S. 257.

---

11 Der *Bali Action Plan* wurde anlässlich der COP13-Konferenz in Bali, Indonesien verabschiedet («13th Conference of the Parties to the United Nations Framework Convention on Climate Change»). Darin werden die verschiedenen Massnahmen zur Implementierung der Klimawandel-Konvention festgehalten, unter anderem die zwei Handlungsstränge *mitigation* und *adaptation*. Die Aspekte des Technologietransfers und der Finanzierungsmechanismen zugunsten der CO_2-Senkung in den Entwicklungsländern sind ebenso enthalten.

---

12 IEA, World Energy Outlook, OECD/IEA: 2009, S. 297.

---

13 IEA/OPEC/OECD/Weltbank, Analysis of the Scope of Energy Subsidies and Suggestions for the G20 Initiative, 16.6.2010.

---

14 Russland ist hier ausgenommen, da es weiterhin einer der grössten Netto-Energieträgerexporteure bleiben wird.

---

15 IEA/OPEC/OECD/Weltbank, Analysis of the Scope of Energy Subsidies and Suggestion for the G20 initiative. Joint Report Prepared for the G20 Meeting in Toronto 26-27 June 2010.

---

16 IEA, World Energy Outlook, OECD/IEA: 2010.

---

17 Sämtliche Zahlen aus:. Bundesamt für Statistik. Energiepanorama 2010. www.bfs.admin.ch.

---

18 Die Schweiz erzielt generell aus dem Stromhandel einen Überschuss (Ausnahmen 2005, 2006), da sie in den Sommermonaten teure Spitzenenergie aus der Wasserkraft ans Ausland verkaufen kann. In den Wintermonaten reicht die inländische Produktion in

der Regel nicht aus, um den Eigenbedarf zu decken. Schweizerischer Bundesrat, Energiestrategie Schweiz 2008 – Bericht zur Energieaussenpolitik der Schweiz – Umfeld. Herausforderungen und Strategie, Schweizerischer Bundesrat: Oktober 2008, S. 16.

19 Die grenzüberschreitenden Stromflüsse sind höher als der schweizerische Landesverbrauch und machen 20 Prozent des europäischen grenzüberschreitenden Stromhandels aus. Der Gastransit durch unser Land nach Italien entspricht dem Fünffachen des schweizerischen Verbrauchs. Bundesrat, Energiestrategie Schweiz 2008 – Bericht zur Energieaussenpolitik der Schweiz – Umfeld. Herausforderungen und Strategie, Schweizerischer Bundesrat: Oktober 2008, S. 32.

20 Seit Mitte der 1970er-Jahre blieb der Verbrauch fossiler Energie stabil. Zwar ist dabei der Anteil von Brennstoffen um 45 Prozent gesunken, gleichzeitig ist der Anteil der Treibstoffe (Benzin, Diesel, Flugtreibstoffe) um 74 Prozent gestiegen. Auch eine massive Förderung von biogenen Treibstoffen könnte den Anteil an den Treibstoffen bis 2035 nur auf rund 10–12 Prozent erhöhen. Der schweizerische Erdölverbrauch liegt deutlich (13 Prozent) über dem EU-Durchschnitt, vor allem aufgrund der vergleichsweise tiefen Besteuerung. Schweizerischer Bundesrat, Energiestrategie Schweiz 2008 – Bericht zur Energieaussenpolitik der Schweiz – Umfeld. Herausforderungen und Strategie, Schweizerischer Bundesrat: Oktober 2008, S. 10–11.

21 39 Prozent des Elektrizitätsbedarfs werden durch die fünf Kernkraftwerke gedeckt. In den Jahren nach 2020 läuft die Betriebsdauer von drei Kernkraftwerken aus: Beznau 1, Betriebsaufnahme 1969; Beznau 2, Betriebsaufnahme 1972; Mühleberg, Betriebsaufnahme 1972.

22 Mit der Ratifizierung des Kyoto-Protokolls hat sich die Schweiz zu einer Reduktion der durchschnittlichen Treibhausgasemissionen von 2008 bis 2012 um 8 Prozent gegenüber 1990 verpflichtet. Diese Ziele wird sie voraussichtlich erreichen.

23 IEA, Scoreboard 2009: 35 Key Energy Trends over 35 Years, OECD/IEA: 2009.

UND DIE SCHWEIZ?

Die Schweiz gehört bisher zweifellos zu den Globalisierungsgewinnern. Dieser Erfolg ist ein glücklicher Mix von verdienter Tüchtigkeit, einer smarten Aussenwirtschaftspolitik und historischem Zufall.[1] Die helvetische Rhetorik betont durchaus zu Recht die beiden ersten Bestandteile des schweizerischen Erfolgsmodells, die letzte Komponente wurde jedoch stets etwas ausgeblendet.

Die Schweiz war als eines der wenigen Länder mitten in einem zerstörten Nachkriegseuropa mit einer unversehrten Infrastruktur und einem funktionierenden Finanzplatz in den Aufschwung nach dem Zweiten Weltkrieg gestartet. Dabei genoss die Schweiz als neutrales Land anerkannten Sonderstatus. Die Reputation der aussenpolitischen Autonomie und die innere politische, wirtschaftliche und monetäre Stabilität bildeten ein Erfolgsmodell, das seinesgleichen suchte. Dazu gehörte eine zurückhaltende Fiskal- und Ausgabendisziplin, eine liberale Aussenwirtschaftspolitik, eine tüchtige Bevölkerung, ein Finanzplatz von internationalem Ruf, verlässliche Institutionen, eine effiziente und schlanke Verwaltung und pfiffige Köpfe in der Privatwirtschaft. Auf diesem Mix gründeten die Wachstumsdekaden der 1950er-, 1960er- und 1970er-Jahre. Die Schweiz wuchs nicht rascher als andere europäische Länder, aber sie startete von einem weit höheren Niveau und profitierte von einer wirtschaftlichen «Nachkriegsdividende», die sich bis in die Gegenwart auswirkt [Grafik Seite 126].[2]

TREND: ÄUSSERES UMFELD

Das heutige globale Umfeld hat mit der Konstellation im alten Jahrtausend fast nichts mehr gemeinsam. Mit der Überwindung des Ost-West-Konflikts, der immer engeren europäischen Integration, dem wirtschaftlichen Erwachen der Schwellenländer und der Neuorientierung der USA Richtung Asien fiel das traditionelle politische Koordinatennetz in sich zusammen.

Die zweite Welle der Globalisierung verstärkt diese Entwicklung. Mit der wirtschaftlichen Machtverschiebung Richtung Asien und dem Aufschwung der Schwellenländer verliert Europa zunehmend an Einfluss. Zudem drohen die krisenbedingte Verschuldung und vor allem die demografischen Alterungskosten das Wachstum des alten Kontinents längerfristig zu lähmen. In diesem Umfeld ist die bislang von der Schweiz als selbstverständlich eingeforderte Solidarität unter europäischen Nachbarn einer nüchternen Interessenpolitik gewichen. Die Schweiz als Nicht-EU-Mitglied wird im besten Falle im zweiten Glied stehen, im schlechtesten Falle wird der Anpassungsdruck zunehmen.

Ähnliches gilt für den weiteren globalen Rahmen. Sicher wird die Schweiz in den Vereinten Nationen wie alle andern fast 200 souveränen Staaten immer eine eigene Stimme haben, auf Augenhöhe mit dem Zweiergespann der Grossmächte USA und China. Das ändert aber nichts an der neuen Machtkonstellation. Die Vereinten Nationen besitzen zwar die grösstmögliche Legitimität, doch genau diese Vielfalt wird ihre Relevanz und Entscheidungskraft in Finanz- und Wirtschaftsfragen immer in Grenzen halten. Das Gleiche gilt für andere Organisationen und Foren mit universellem Anspruch. Sowohl die bisher erfolglosen WTO-Verhandlungen der Doha-Runde[3] als auch die gescheiterten Klima-Verhandlungen der COP-15 in Kopenhagen im Winter 2009 haben das gezeigt. Zusammen mit der Forderung nach einer Neuverteilung der Stimmenanteile in Weltbank und IWF sind das die deutlichsten Anzeichen dafür, dass globale Lösungen und Entscheidungen nur noch möglich sind mit einer gebührenden Berücksichtigung der neuen Akteure und ihrer Interessen, die oft nicht denjenigen der bisherigen «entwickelten» Länder entsprechen. Der Verlierer dieser Verschiebung ist Europa, und innerhalb von Europa sind es kleinere Länder ausserhalb von politischen Allianzen wie die Schweiz.

Startvorteil Schweiz

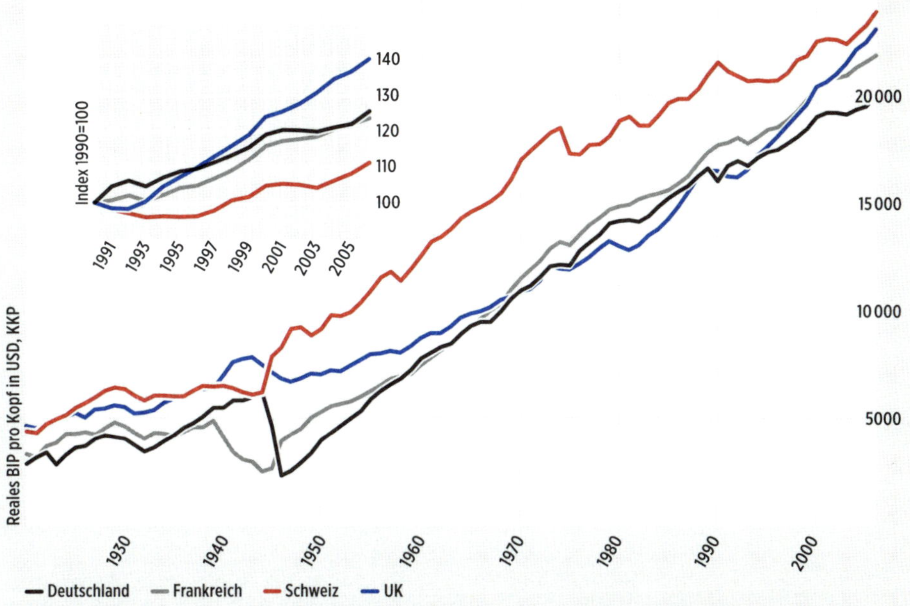

Die Schweiz ging mit einem Startvorteil in die zweite Hälfte des letzten Jahrhunderts. Da sie vom Krieg unversehrt war, erlaubten die intakte Infrastruktur und eine stabile Währung die Fortsetzung des Wachstumspfades. Andere Länder wie Deutschland und Frankreich wuchsen zwar nach dem Krieg ebenso stetig wie die Schweiz, starteten aber 1945 von einem tieferen Niveau. Nach der Ölkrise der 1970er-Jahre schwächte sich das schweizerische Wachstum ab und schwenkte nach dem «verlorenen Jahrzehnt» der 1990er-Jahre auf den allgemeinen Wachstumspfad ein.

Quelle: Zürcher/Maddison

Oft wird vergessen, dass das erfolgreiche westliche Kooperationsmodell seit 1945 nur durch eine geopolitische Stabilität ermöglicht wurde, die auf der unausgesprochenen Anerkennung der Schutzmacht USA beruhte. Unter dieser Pax Americana wurden die globalen Institutionen gegründet – die Vereinten Nationen, das GATT, die Weltbank und der IWF – der Grundstein für die erste Welle der Globalisierung. Die Pax Americana neigt sich mit der zweiten Welle

BOX: G20 – DIE NEUE LANDKARTE DER MACHT

Die Wirtschaftsleistung (BIP) eines Landes kann als Fläche betrachtet werden, die die Dimensionen BIP pro Kopf und Bevölkerung kombiniert. So lässt sich der Unterschied der Volkswirtschaften von OECD- und Schwellenländern sichtbar machen. Indien besitzt ein ähnlich grosses BIP wie Deutschland (ähnliche Gesamtfläche), aber die Dynamik ist völlig unterschiedlich. Deutschlands hohe BIP-Säule (hohes BIP pro Kopf) erhöht sich aufgrund des stagnierenden Wachstums nur langsam und wird angesichts der schrumpfenden Bevölkerung immer schmaler. In Indien hingegen wachsen beide Dimensionen, sowohl die Bevölkerung wie das BIP pro Kopf. Würde Indiens Wirtschaft ähnlich wie bisher weitere zehn Jahre um 7 Prozent pro Jahr wachsen, würde sich seine BIP-Säule in der Breite verdoppeln. So lässt sich verstehen, dass sich die Schwellenländer vehement dagegen wehren, weitere europäische Länder – wie zum Beispiel die Schweiz – in die Gruppe aufzunehmen. Aus ihrer Sicht, die sich kaum bestreiten lässt, ist der europäische Kontinent bereits übervertreten, vor allem wenn man die zukünftigen Trends mit einbezieht.

Die Erscheinung der informellen G20 ist somit eine Konzession an die veränderte wirtschaftliche und damit politische Machtkonstellation. Sie ist auch eine Reaktion auf die notorische Schwerfälligkeit bestehender formaler multilateraler Gremien (UN-Sicherheitsrat, IWF, Weltbank), ihre Strukturen den neuen Realitäten anzupassen.

So arbiträr ihre Zusammensetzung auch ist, die G20 umfasst je nach Massstab bis zu 90 Prozent des Welt-BIP und zwei Drittel der Weltbevölkerung und genügt damit heute als einziges globales Gremium den zwei massgebenden Kriterien: der Vertretung globaler Interessen und der Durchsetzungsfähigkeit ihrer Entscheidungen.

Damit ist aber auch eine fundamentale Veränderung eingetreten, wie auf globaler Ebene Entscheidungen erörtert, gefällt und durchgesetzt werden. Der bisherigen *kooperative* Prozess innerhalb formaler legitimierter Organisationen wird von einem «wilden», potenziell *konfrontativen* Prozess eines informellen Gremiums überlagert.

der Globalisierung ihrem Ende zu. Zum ersten Mal seit dem Ende des Zweiten Weltkriegs ist heute die geopolitische Stabilität als Garant der wirtschaftlichen Expansion nicht mehr durch eine einzige Schutzmacht gewährleistet.[4]

In diesem Vakuum sucht sich die reale Macht ihre eigenen Entscheidungsnetze, entweder formaler Natur durch Machtblöcke wie die EU oder informeller Natur wie zuletzt die G20 [Box oben]. Sie besitzt zwar keinerlei völkerrechtliche Legitimität, aber das spielt letztlich keine Rolle, denn die Gruppe legitimiert sich durch ihre eigene Macht und kann es sich deshalb erlauben, Macht über Recht zu setzen, wie die Schweiz im Zusammenhang mit dem Bankgeheimnis im Frühling 2009 bitter erfahren musste. Beunruhigend ist

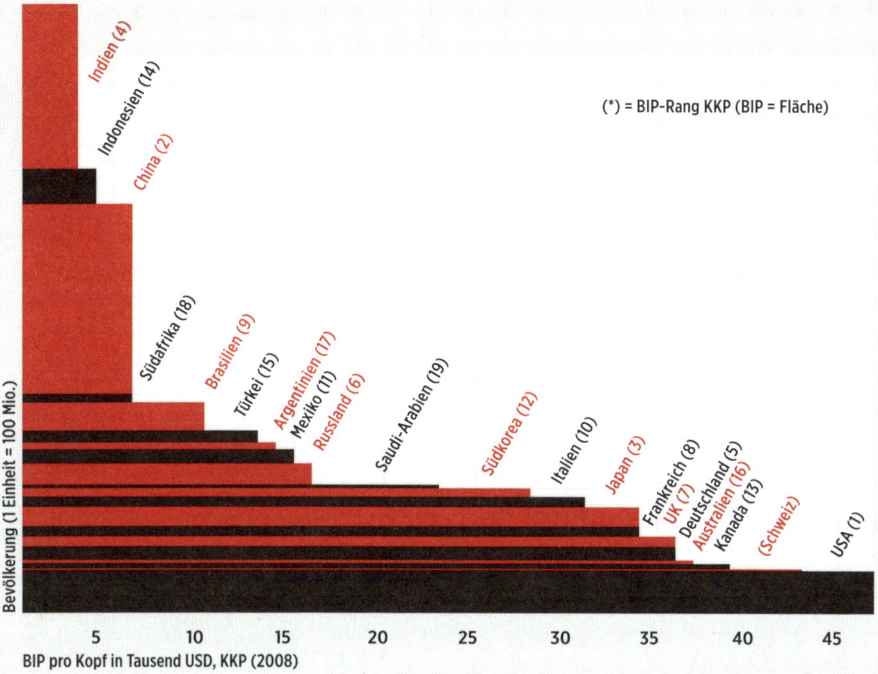

Quelle: IWF, eigene Darstellung

in diesem Zusammenhang, wie klassische, völkerrechtlich legitimierte internationale Wirtschafts- und Finanzinstitutionen wie IWF, Weltbank, ILO oder OECD in geradezu devoter Weise um die Anerkennung durch die G20 buhlen, obwohl es in einer geordneten globalen Politik eigentlich umgekehrt sein müsste.

So bestehen zunehmend zwei parallele Arten von internationalen Gremien. Sie sind entweder universell und berücksichtigen die Interessen aller ihre Mitglieder ebenmässig, was ihre Entscheidungskraft limitiert – oder ihre Mitgliedschaft ist limitiert, und sie sind kraft ihrer faktischen Macht handlungsfähig. Dieses Spannungsfeld zwischen Legitimität und Effektivität, zwischen Kooperation und Konfrontation wird die nahe Zukunft prägen. In spannungsfreien Perioden allgemeinen wirtschaftlichen Wachstums stehen Kooperationsmodelle der ersten Art im Vordergrund, in Zeiten von Krisen oder Phasen der globalen Unsicherheit und Veränderung wie heutzutage kommen die konfrontativeren Modellen der zweiten Art zum Tragen, mit dem entsprechenden Kollateralschaden für schwächere Länder, deren Interessen den Prioritäten der Machtgruppe zuwiderlaufen. Im Rückblick könnte somit eine seit Kriegsende dauernde Phase der internationalen Rechtssicherheit zu Ende gehen, von der kleine, dynamische, effizient regierte Staaten wie die Schweiz, Singapur, Neuseeland, Chile oder Taiwan mehr profitiert haben als ihnen aufgrund ihrer Macht zustand.[5] Ihr smarte Politik der Steuer- und Regulierungsarbitrage wurde von den Grossen «geduldet». Sollte sich das Machtkartell G20 als lebens- und entschlussfähig erweisen, werden sie stärker darauf angewiesen sein, ob und wie lange ihr Verhalten als «fair» angesehen wird.

Wo bisher in Zeiten des Wirtschaftswachstums und der politischen Kooperation international ein starkes Recht entstanden ist und auch befolgt wurde, sind in Zeiten hoher Verschuldung, Energieknappheit und geopolitischer Spannungen Entwicklungen zu beobachten, es durch ein «Recht der Starken» zu ersetzen.

Im Rückblick hat die Schweiz allen Grund, diese Entwicklung eines «diktierten Multilateralismus» mit Besorgnis zu verfolgen. Er bedeutet, nüchtern betrachtet, einen Bedeutungsverlust für kleinere und mittlere Staaten wie die Schweiz. Ihre bisherigen Trümpfe im internationalen Spiel, die Neutralität oder ihre «guten Dienste», verlieren an Gewicht. Das noble Abseitsstehen, das Fehlen von traditionellen «Freunden» und von strategischen Allianzen droht sich in dieser neuen Konstellation in einen aussenpolitischen Nachteil zu verwandeln. Die Schweiz ist einsam geworden.

Die Schweiz ist zwar in der zweiten Welle der Globalisierung noch immer ein wirtschaftlicher Gewinner, aber zunehmend politischer Verlierer.

Borrowers at the Gate

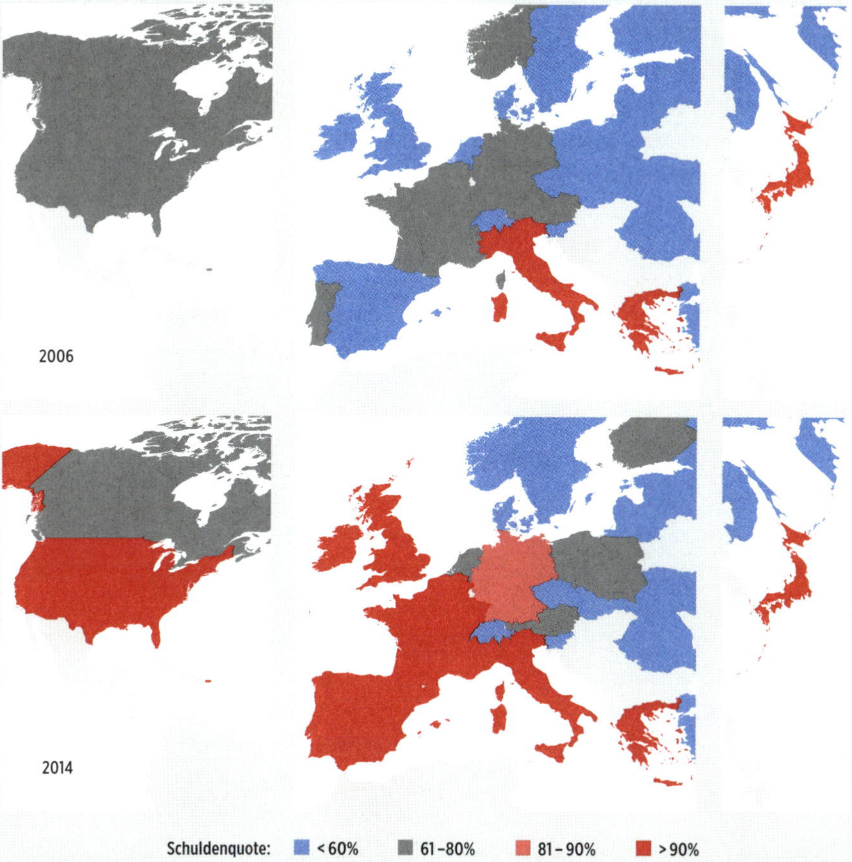

In den kommenden Jahren wird die Schweiz von hoch verschuldeten Ländern umgeben sein. Vor der Krise (2006) überstiegen bereits zahlreiche Schuldenstände den Wert von 60 Prozent des BIP (grau). Ab 2014 werden alle grösseren Länder Europas Schulden von über 90 Prozent aufweisen (dunkelrot). Die Schulden der beiden Wirtschaftsmächte USA (106 Prozent) und besonders Japan (248 Prozent) werden erheblich ansteigen. Neben der Schweiz gelingt es auch den nordischen und osteuropäischen Ländern, ihre Finanzen im Gleichgewicht zu halten.

Quelle: IWF, eigene Darstellung

Sie sticht nach der Krise als eines der wenigen Länder mit geringer Verschuldung, vergleichsweise geringer Arbeitslosigkeit und niederen Steuern hervor. Das macht sie attraktiv für Kapital, Unternehmen, gut ausgebildete Arbeitskräfte. Genau diese Attraktivität ist aber ohne politische Absicherung auch eine Gefahr. Angesichts von hoch verschuldeten, aber politisch mächtigen Nachbarn [Grafik Seite 131], allesamt Mitglieder der G20, dürften die politischen Hemmungen sinken, Ansprüche und Forderungen an die Schweiz zu stellen. Das jüngste Beispiel, dass Brasilien, Mitglied der G20, die Schweiz vorübergehend als einziges OECD-Land auf eine Schwarze Liste setzte, ist in zweifacher Weise besorgniserregend. Zum ersten Mal ergriff ein Schwellenland solche Massnahmen, und zum ersten Mal wird als Kriterium ein als «zu tief» empfundener, «schädlicher» Steuersatz (weniger als 20 Prozent Unternehmenssteuer) als willkürliches Kriterium verwendet.

An die Stelle der einstigen Geborgenheit eines wohlhabenden und der Schweiz wohlgesinnten Europas, einer global bestimmenden europäisch-amerikanischen Achse und einem verlässlichen multilateralen Rahmen, geprägt von befreundeten OECD-Mächten, ist eine neue Situation getreten. In der zweiten Welle der Globalisierung ist die Schweiz zwar noch immer eines der wohlhabendsten Länder, aber mit einem schrumpfendem Vorsprung, politisch schwindender Bedeutung, in einem alternden Kontinent mit mittelfristig unvorteilhaften Wachstumsaussichten, ohne strategische Allianzen und einem härteren globalen Wettbewerb ausgesetzt.

TREND: INNERES UMFELD

Die weltwirtschaftliche Gemütlichkeit der Nachkriegszeit, das selbstverständliche Wachstum und der immer höhere Wohlstand hatten im Innern zu einer gewissen Bedächtigkeit und Selbstzufriedenheit geführt. Seit der Erdölkrise der 1970er-Jahre und insbesondere seit Beginn[5] der 1990er-Jahre erlahmte die schweizerische Wachstumsdynamik.

In dieser Zeit starken globalen Wachstums verzeichnete die Schweiz über mehrere Jahre ein negatives BIP-Wachstum pro Kopf. Preisabsprachen, Grenzschutz, Kartelle, öffentliche Monopole und ein fehlender interner Wettbewerb hatten die Schweiz in eine Hochpreisinsel verwandelt. Statistisch darf man sagen, dass die Schweiz die Globalisierung der 1990er-Jahre verschlafen hat.[6] Erst in den späten 1990er-Jahren schärfte sich die Wahrnehmung, dass die Schweiz in vielen Bereichen ihre wirtschaftliche Fitness verloren hatte.

Trotz erheblicher Reformanstrengungen nach der Jahrtausendwende[7] blieb die wirtschaftliche Produktivität unter dem OECD-Durchschnitt. Da die Schweiz eine überdurchschnittliche Beschäftigungsquote aufweist und diese Arbeitskräfte auch überdurchschnittlich lange arbeiten, kann das tiefe Wachstum nur mit einer niederen Produktivität erklärt werden. Jeder Länderbericht der OECD bis in die Gegenwart weist mit Nachdruck darauf hin, dass sich dieses Problem noch immer ausweitet.[8] Immerhin hat seit der Jahrtausendwende eine intensive Debatte über die Wachstumsschwäche und die notwendigen Reformen begonnen [Box Seite 134].[9]

Die Schweiz hat auch die äusseren Veränderungen erkannt und 2005 zum ersten Mal eine explizite Aussenwirtschaftspolitik formuliert und konsequent verfolgt. Im Mittelpunkt stand die zunehmende Bedeutung der aufstrebenden Volkswirtschaften und vor allem die Erkenntnis, dass sich die Schweiz nicht mehr nur auf ein multilaterales Netz verlassen kann, sondern sich den Zugang zu den neuen wichtigen Märkten bilateral vertraglich durch Freihandels- und Investitionsabkommen absichern muss. Allerdings zeigten sich auch die internen Grenzen dieses Plans.[10] So kam das wohl strategisch wichtigste Abkommen, ein Freihandelsabkommen mit den USA, nicht zustande, da die Schweiz im Bereich der Landwirtschaft nicht zu genügenden Konzessionen bereit war.

BOX: HAT DIE SCHWEIZ EIN PRODUKTIVITÄTSPROBLEM?

Um die Natur und die Messung der Produktivitätsschwäche streiten sich die Experten. Allerdings besteht ein gewisser Konsens, dass die Schweiz im Vergleich zu ihren wichtigsten Konkurrenten ein Aufholpotenzial aufweist. Die Hauptgründe für die mittelmässigen Werte sind der schwache Wettbewerb im Binnenmarkt und das dadurch vergleichsweise hohe Preisniveau.[11]

Die Schweiz zeichnet sich nach wie vor durch eine duale Wirtschaft aus. Einem hoch produktiven, international exponierten Sektor – Finanzdienstleistungen, Chemie, Pharmazeutik – mit entsprechend wettbewerbsfähigen Firmen steht ein binnenorientierter Sektor mit tiefer Wertschöpfung gegenüber – Landwirtschaft, persönliche Dienstleistungen, Tourismus, Gesundheitswesen, Bauwirtschaft.[12]

Die grosse Mehrzahl der über 300 000 kleinen und mittleren Unternehmen, über 99 Prozent aller Unternehmen, sind in eher produktivitätsschwachen Bereichen tätig. Nur rund 30 000 von ihnen sind direkt im Export tätig und müssen sich damit im internationalen Wettbewerb messen, weniger als 2 Prozent von ihnen investieren im Ausland.[13] 176 000 dieser Unternehmen sind Mikrofirmen mit ein bis zwei Mitarbeitern, die erfahrungsgemäss eine tiefere Produktivität aufweisen.[14]

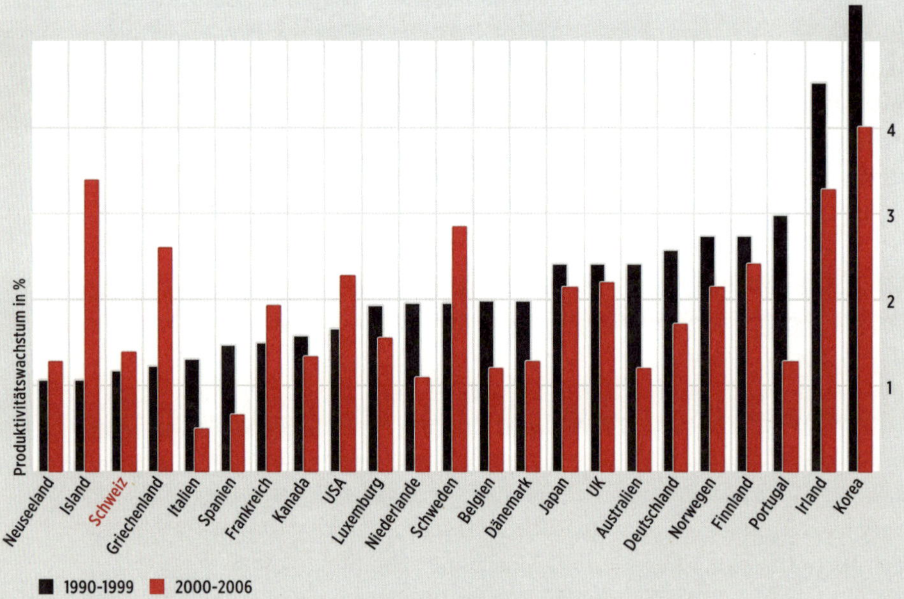

Quelle: OECD, eigene Darstellung

Im Rahmen der jüngsten Krise hat die Schweiz wiederum eine überlegte Finanz- und Wirtschaftspolitik geführt. Im Gegensatz zu andern OECD-Ländern muss sie in den kommenden Jahren nicht mit grossen Verwerfungen auf den Arbeitsmärkten oder den öffentlichen Haushalten rechnen. In den massgeblichen Ranglisten über die internationale Wettbewerbs- und Innovationsfähigkeit belegt die Schweiz nach wie vor Spitzenränge, sie verteidigt erfolgreich eines der höchsten Wohlstandsniveaus. Zahlreiche schweizerische Unternehmen geniessen Weltruf. Das Land ist ein Magnet für gut ausgebildete Einwanderer aus dem europäischen Umland und für Unternehmen aus aller Welt, die sich hier ansiedeln. Das schweizerische Bildungssystem ist ausgezeichnet. Wie die Schweiz die längerfristige Zukunft meistert, wird stark davon abhängen, ob der politische Wille vorhanden ist, die bleibenden Strukturschwächen zu bereinigen und die Herausforderungen der steigenden Wohlfahrtskosten und der Alterungsproblematik beherzt anzugehen.

Eine erfolgreiche Globalisierungspolitik setzt heute jedoch ein grundsätzliches Umdenken voraus. Mit der zweiten Welle der Globalisierung haben sich nicht nur die Kräfte verschoben, sondern die Prozesse und Akteure der Ökonomie selbst verändert. Wirtschaftspolitik im Sinne der schweizerischen Verfassung wurde von den Gründungsvätern als Instrument zur Erfüllung der gemeinsamen Wohlfahrt konzipiert, der Verteidigung der schweizerischen Interessen, schweizerischen Unternehmen, schweizerischen Produkte, schweizerischen Arbeitnehmer und des schweizerischen Kapitals. Mit der zweiten Welle der Globalisierung sind diese Bausteine abhanden gekommen.

Mit den in den vorangehenden Kapiteln beschriebenen Entwicklungen, der Nomadisierung der Produktionsfaktoren (Kapital, Arbeit und Technologie), der Auflösung von Unternehmen in globale Wertschöpfungsketten, der Internationalisierung von Besitzverhältnissen, des Managements und der internationalen Migration wird die Unterscheidung, was als «schweizerisch» gilt, immer schwieriger. Nicht nur die schweizerische Bevölkerung, sondern auch die schweizerische Wirtschaft ist eine *patchwork nation* geworden. Eine nationale Wirtschaftspolitik zu betreiben, wird zunehmend unmöglich.

Was jedoch bleiben wird, sind die natürlichen Räume und die Regulationsräume, in denen sich diese Prozesse abspielen. Wirtschaftspolitik wird damit endgültig zur Standortpolitik. Unternehmen, Arbeitstätige, Kapital und Technologie sind nicht mehr der *Ausgangspunkt* der Wirtschaftspolitik, sondern das *Resultat,* die Ernte einer erfolgreichen Standortpolitik. Die Pflege der nicht-mobilen Faktoren bestimmt die Attraktivität eines Standorts: Regulie-rung, Recht, öffentliche Finanzen, Steuerregimes, öffentliche Erziehungs- und Forschungsinfrastruktur sowie die «weichen» Faktoren Umwelt, Kultur, Sicherheit, Toleranz. Sie gilt es zu pflegen. Ob sich am «Standort Schweiz» letztlich Wertschöpfungsprozesse in schweizerischen oder ausländischen Unternehmen vollziehen, ob in diesen Unternehmen schweizerische oder ausländische Arbeitnehmer arbeiten, wird nebensächlich.

Diese vernetzte Realität ist vor allem deshalb gewöhnungsbedürftig, weil sie sich am obersten schweizerischen Verfassungsziel, der Unabhängigkeit, reibt. Damit sind wir wieder am Anfang angelangt. Die Erhaltung der Unabhängigkeit steht ausser Frage, sie ist aber wirtschaftllich nur mit einer «smarten Integration» und einer Pflege des Standorts zu erhalten. Gelingt es der Politik nicht, eine nachhaltige Heimat für die nomadisierenden Produktionsfaktoren zu bieten, wird es auch nicht gelingen, die Wohlfahrt des Landes für alle seine Bewohner nachhaltig zu sichern. In der zweiten Welle der Globalisierung wählen Unternehmen, Kapital und Arbeitskräfte mit den Füssen, unsere Nachbarländer merken das bereits.

1 «Wenn ... der deutsche Westfeldzug im Frühjahr 1940 keinen schnellen Erfolg gebracht hätte, wäre die Wehrmacht wahrscheinlich über die Schweiz nach Frankreich eingefallen, um eine zweite Front zu eröffnen.» Den grössten Schaden erlitt so, wie bereits im Ersten Weltkrieg Belgien, dessen Kriegsschäden und finanzpolitische Konflikte später das Wachstum hemmten. Tobias Straumann, «Warum ist die Schweiz ein reiches Land? Eine Antwort aus wirtschaftshistorischer Sicht», in: Die Volkswirtschaft, EVD: 1/2-2010, S. 4–8.

2 B. Zürcher, Das Wachstum der Schweizer Volkswirtschaft seit 1920, Die Volkswirtschaft, 1/2-2010, EVD, S. 9–13.

3 Die WTO bildet insofern eine Ausnahme, da ihre Streitschlichtungs- und Berufungsgremien («Dispute Settlement Bodies, Appelate Bodies») für konkrete bilaterale Handelskonflikte auch Kleinstaaten eine ebenbürtige Chance auf Anhörung und rechtmässige Lösungen einräumen.

4 Während die gängige Denkschule die friedens- und wohlstandsstiftende Wirkung des Welthandels betont, folgert eine andere Denkart genau umgekehrt, dass geopolitische Schutzmächte eine Voraussetzung der wirtschaftlichen Ausdehnung sind, wie die Pax Romana von 27 v. Chr. bis 180 n. Chr., die Pax Mongolia vom 13. bis ins 14. Jahrhundert und die Pax Britannica im 19. Jahrhundert. Ronald Finlay und Kevin O'Rourke, Power and Plenty: Trade, War, and the World Economy in the Second Millennium, 2009: Princeton University Press.

5 Harold James, The Creation and Destruction of Value: The Globalization Cycle, Harvard University Press: 2009.

6 Zahlreiche Ökonomen wiesen bereits in den 1990er-Jahren auf dieses Problem hin. S. Borner, A. Brunetti, Th. Straubhaar, Schweiz AG: Vom Sonderfall zum Sanierungsfall? Verlag Neue Zürcher Zeitung: 1994.

7 Als Antwort auf die Stagnation der 1990er-Jahre hatte der Bundesrat im Februar 2004 erstmals über alle Departemente hinweg 17, später 19 wirtschaftspolitische Massnahmen zu einem Wachstumspaket gebündelt. 2006 wurde eine weitere Etappe, 2008 die Weiterführung dieser kohärenten Wachstumspolitik beschlossen. Dabei lag das Schweizer Preisniveau 1995 noch um 56 Prozent über dem EU-Durchschnitt, 2006 «nur» noch 33 Prozent. Trotzdem belegte die Schweiz 2005 in der Rangliste der Stundenproduktivität unter den OECD-Ländern noch immer lediglich den elften Rang. EVD/SECO, Wachstumsbericht 2008, 2.4.2008.

8 OECD, Economic Surveys: Switzerland 2009, OECD: 2009, S. 33 ff.

9 Wachstumsbericht SECO, Avenir Suisse, KOF, Borner et al.

10 EVD/SECO, Schweizerischer Bericht zur Aussenwirtschaftspolitik 2004, 12.1.2005, S.13-56, und EVD/SECO, The Strategic Focus of Swiss Foreign Economic Policy, 25.11.2006.

11 Das SECO errechnete 2008, dass mit einem Euro (zu einem Kurs von 1,55 CHF) in den EU15 25 Prozent mehr Güter erworben werden konnten. Seither hat sich mit dem sinkenden Eurokurs das Verhältnis entsprechend verschlechtert.

12 EVD/SECO, Wachstumsbericht 2008, 2.4.2008, S. 20–22.

13 Die Politik des Bundes zugunsten der kleinen und mittleren Unternehmen (KMU), Bericht des Bundesrates in Beantwortung des Postulats Walker (02.3702) und Evaluationsbericht zum Bundesgesetz über Risikokapitalgesellschaften vom 8.6.2007, S. 10 und S. 31.

14 Die Politik des Bundes zugunsten der kleinen und mittleren Unternehmen (KMU), Bericht des Bundesrates in Beantwortung des Postulats Walker (02.3702) und Evaluationsbericht zum Bundesgesetz über Risikokapitalgesellschaften vom 8.6.2007.

BEDEUTUNGSVERLUST DER SCHWEIZ UND WIRTSCHAFTS-POLITISCHE SCHLÜSSE

RUDOLF H. STRAHM

Die Schweiz ist eine Gewinnerin der Globalisierung, obgleich es im Inland auch Globalisierungsverlierer gibt. Sie war bereits Gewinnerin der bisherigen, ersten Globalisierungswelle, und sie ist es auch in der «zweiten Welle».

Die grundsätzliche Einschätzung von Stefan Flückiger und Martina Schwab, dass die Schweiz zunehmend isoliert dasteht, teile ich. Sie lehnt sich aber zu stark an die Mainstream-Ökonomie der OECD an. Einige Besonderheiten der Schweiz, die tiefe Arbeitslosigkeit, die Produktivitätsfrage, die Bankenproblematik, die Altersfinanzierung, kann man nicht nur mit dem OECD-Raster angehen. Zudem fehlen die wirtschaftsstrategischen Folgerungen bei den beiden Autoren gänzlich. Ich versuche, einige zu formulieren und zu konkretisieren.

Allgemeine Einschätzung: Globalisierung ist keine Bedrohung

Die Schweiz ist ein Hochlohn- und ein Hochpreisland. Gemäss klassisch-liberalen Marktindikatoren müssten wir im globalen Wettbewerb längst weg vom Fenster sein. Doch unsere offene Volkswirtschaft hat eine enorme Exportkraft, eine hohe Produktivität und trotz hoher Kosten eine starke Wettbewerbsfähigkeit. Wie haben doch neoliberale Ökonomen und Think Tanks noch vor wenigen Jahren den Niedergang der Schweiz beschworen!

Ausdruck dieser starken Positionierung in der Weltwirtschaft sind der ständige Zahlungsbilanzüberschuss und die deutlichen Handelsbilanzüberschüsse, selbst gegenüber jenen Schwellenländern, die man wegen ihres Tieflohnniveaus als «gefährlich» einstuft: gegenüber China, Hongkong, Indien, Taiwan, Südkorea, der Türkei, Vietnam, Brasilien. Diese Exportkraft kommt nicht vom Bankensektor, sondern von der schweizerischen Realwirtschaft.

Die Globalisierung ist in der zweiten Welle für unsere Wirtschaft und für die Beschäftigungslage keine Bedrohung und kein Schreckgespenst. Allerdings gibt es auch schweizerische Globalisierungsverlierer durch den beschleunigen Strukturwandel: die Landwirtschaft, die traditionelle Textil-, Leder-, Metall- und Haushaltgeräteproduktion, ganz allgemein die ausgereiften Industrien ohne Hightech-Komponenten.

Als früherer «Tiers-Mondiste» pflichte ich den Autoren auch bei, dass die globale Marktöffnung den Entwicklungs- und Schwellenländern mehr Wachstum und Wohlstand beschert hat als die Entwicklungshilfe. Mit Entwicklungszusammenarbeit und Hilfsgelder-Transfers beseitigt man die Armut nicht. Dies ist eine bittere Erkenntnis nach vier Jahrzehnten Entwicklungspolitik. Ich sage dies im Wissen, dass dies viele Dritte-Welt-Engagierte und Entwicklungsorganisationen nicht nachvollziehen können. Doch die Welt hat sich verändert, und die Realität in der Weltwirtschaft, dies zeigt die vorstehende Analyse, hat sich verschoben. Wer diese Realität nicht wahrnimmt, den bestraft das Leben.

Analyse: Vier abweichende Interpretationen und Ursachenklärungen

Die vorgelegten Zahlen von Flückiger und Schwab werden nicht in Zweifel gezogen, doch die Interpretation werde ich in vier Grundfragen in einer andern Optik gewichten.

Erste These: Die tiefe Arbeitslosigkeit und die hohe internationale Wettbewerbsfähigkeit der Schweiz stammen von unserem dualen Berufsbildungssystem.

Flückiger und Schwab zeigen eindrücklich [Grafik Seite 80], dass die Schweiz zu den Industrieländern mit der tiefsten Arbeitslosenquote, insbesondere der tiefsten Jugendarbeitslosigkeit, gehört. Vergleicht man das mit dem während vieler Jahre im internationalen Vergleich sehr tiefen Wirtschaftswachstum [Grafik Seite 127], erkennt man ein Paradox: Die Schweiz hatte von 1992 bis 2005 das tiefste Wirtschafswachstum im OECD-Raum; trotzdem hatte sie in dieser Periode die tiefste Arbeitslosenquote von allen Industriestaaten und auch die höchste Erwerbsquote. Dieses Paradox können die klassischen Makromodelle nicht erklären.

Entgegen der Interpretation von Flückiger und Schwab zweifle ich an der Korrelation zwischen dem Grad der Arbeitsmarktliberalisierung und der Arbeitslosigkeit. Der wesentliche und klare statistische Zusammenhang besteht zwischen dem Berufsintegrationssystem – sprich Berufsbildung – und den Arbeitslosenquoten. Diese Gegenüberstellung fehlt bei Flückiger und Schwab, wie sie auch in OECD-Studien fehlt.

Fünf OECD-Länder Europas kennen ein duales Berufsbildungssystem, also eine Berufslehre im Betrieb, kombiniert mit einer Berufsfachschule: die Schweiz, Österreich, Deutschland, Dänemark und die Niederlande. Diese fünf hatten im Herbst 2009 eine Jugendarbeitslosenquote von durchschnittlich 8 Prozent (Schweiz: 5,5 Prozent). Demgegenüber verzeichneten zehn vergleichbare OECD-Länder, die keine Berufslehre, sondern nur vollschulische Ausbildungsgänge kennen, eine durchschnittliche Jugendarbeitslosigkeit von 25 Prozent – also dreimal mehr! Die OECD-Vergleichszahlen [Grafik Seite 80] sollten vielmehr unter diesem Gesichtpunkt betrachtet werden.

Jugendarbeitslosigkeit ist der beste Indikator für die Arbeitsmarkttauglichkeit eines nationalen Bildungssystems. In dieser Optik sind die Bildungssysteme mit einer Berufslehre eindeutig überlegen. Auch die internationalen Vergleiche der Arbeitslosenquoten der Erwachsenen zeigen das gleiche Bild. Gewiss haben die Konjunkturzyklen einen Einfluss auf die Beschäftigungslage, aber das Niveau der Arbeitslosigkeit hängt nicht von den Wirtschaftswachstumsraten und nicht vom Liberalisierungsgrad der nationalen Arbeitsmarktregimes ab, sondern von der Arbeitsmarktnähe der Ausbildung.

Die makroökonomischen Modelle der OECD und des Mainstreams ignorieren diese faktischen Zusammenhänge, obschon sie jedem Unternehmer plausibel erscheinen. Was die Ökonomen nicht kennen, das messen sie nicht – und was nicht gemessen wird, existiert nicht in den makroökonomischen Modellen.

Die Überlegenheit des dualen Berufsbildungssystems in Bezug auf die Employability ist arbeitssoziologisch erklärbar: Die praxisorientierte

Berufslehre fördert auch die praktische Intelligenz. Jugendliche aus bildungsfernen Schichten, die schulschwach sind, oder Menschen mit einseitiger Begabung, die vielleicht auf «Kriegsfuss» mit bestimmten Schulfächern stehen, fallen bei vollschulischen Ausbildungsgängen zwischen Stuhl und Bank. Demgegenüber erlaubt die Berufslehre auch einen Berufsabschluss mit praktisch-technischen Qualifikationen, oder einen solchen für Lernende mit Sozialkompetenz und vorwiegend emotionaler Intelligenz. Spitzenfussballer oder Präzisionsarbeiter rekrutiert man nicht an der Universität.

Aus dieser Ausbildungskultur resultiert einerseits die hohe Arbeitsmarktfähigkeit der Erwerbsbevölkerung und andrerseits auch die hohe internationale Wettbewerbsfähigkeit. Diese basiert auf den typisch «schweizerischen» Tugenden Präzisionsarbeit, Exaktheit, Termintreue, massgeschneiderten Lösungen und Nischenproduktion, gepaart natürlich mit Innovationen und Marketingfähigkeiten. Ständige Innovationen sind nötig, aber es braucht auch die praktische Fähigkeiten, diese umzusetzen und Qualitätsarbeit für Hochpreisgüter zu liefern.

In der Schweiz erlaubt das Berufsbildungssystem auch eine vertikale Mobilität mittels höherer Berufsbildung nach dem System: kein Abschluss ohne Anschluss durch Weiterbildungsstufen in Fachhochschulen, Höheren Fachschulen und Weiterbildungsstufen zu höheren eidgenössisch anerkannten Berufsprüfungen oder Fachprüfungen. Sie stellen auch eine rasche Diffusion neuer Technologien in der Wirtschaft sicher.

Gewissermassen als Hommage an den verstorbenen grossen Schweizer Industriepionier Nicolas Hayek zitiere ich hier aus seinem allerletzten Interview, das er wenige Tage vor seinem Tod gewährte: «Seit vier Jahrzehnten behaupten Banker und Betriebswirtschafter, die Zeit der Handarbeit sei vorbei. Wir sollen zur Dienstleistungsgesellschaft werden. Zum reinen Denkplatz. Dagegen habe ich mich immer mit aller Vehemenz gestemmt. Denn es ist ein grosser Irrtum. Ohne Produktion gibt es keinen Denkplatz. ...Unsere grösste Stärke ist doch, dass wir Hand und Kopf zusammen arbeiten lassen.»

Fazit Für die wirtschaftliche Zukunft ist die Förderung von Bildung, Berufsbildung, Forschung und berufsorientierter Weiterbildung die wichtigste wirtschaftspolitische Strategie, mit der sich ein hoch entwickeltes Industrieland wie die Schweiz auf den globalen Märkten behauptet. Dem Berufsbildungssystem muss ebenso viel Gewicht beigemessen werden wie der akademischen Ausbildung. Eine Übernahme des Mainstream-Bildungssystems der OECD-Länder wäre für die Schweiz fatal. Es würde die Arbeitslosigkeit erhöhen (wie das andere OECD-Länder kennen), die Produktivität im Produktionssektor senken und die Wettbewerbfähigkeit der Schweiz im gewerblich-industriellen Bereich schwächen.

Zweite These: Die Durchschnittsproduktivität sagt fast nichts aus über den Wohlstand eines Landes. Schwach produktive Dienstleistungsbranchen können auch ein Wohlfahrtssymptom darstellen.

Mit den Angaben in Box 11 und der Grafik 61 wird ein geradezu beängstigendes Bild der schweizerischen Wirtschaft gezeichnet: Die Schweiz mit tiefem und rückläufigem Produktivitätswachstum, namentlich auch in der KMU-Szene. Dieser analytische Pessimismus aufgrund der Durchschnittsproduktivität wird seit Jahren von der neoliberalen Borner-Schule (Universität Basel) gepredigt, von der konzernnahen Avenir Suisse verbreitet, von der SECO-Direktion für Wirtschaftspolitik übernommen und in die OECD-Statistiken eingebracht. Es gab bereits vor einem Jahrzehnt Auseinandersetzungen über diese Messung und Darstellungsart der Arbeitsproduktivität der schweizerischen Wirtschaft. Ich halte sie für irreführend und ziehe andere Schlussfolgerungen daraus. Was soll die Durchschnittsproduktivität der gesamten Volkswirtschaft [Grafik Seite 134], wenn die Spanne zwischen der tiefsten und der höchsten Branche eins zu zehn beträgt?

Diese Durchschnittsproduktivität betrug in der schweizerischen Volkswirtschaft im Jahr 2007 rund CHF 123 000 pro Beschäftigten und Jahr, allerdings mit einer grossen Streuung: Zuunterst auf der Skala steht die Landwirtschaft mit einer Arbeitsproduktivität von CHF 41 000, es folgen das Gastgewerbe mit CHF 57 000 und das (mit Heimen und Spitälern extrem wachsende) Gesundheitswesen mit CHF 74 000. Ganz oben auf der Skala befinden sich die kapitalintensive Elektrizitätsbranche mit CHF 389 000, die Banken mit CHF 306 000 und die Versicherungen mit CHF 295 000.

Ist es bei dieser enormen Streuung noch sinnvoll, diese Overall-Durchschnittsgrösse und deren Veränderungen heranzuziehen, wie dies die OECD in ihrem Ländervergleich tut? Eine Verschiebung der Branchenstruktur bringt doch auch eine Verschiebung dieser Allerwelts-Durchschnittsgrösse, ohne dass wir einen Anhaltspunkt über die Effizienz der Volkswirtschaft erhalten.

Die strukturschwachen Branchen versorgen meist den Binnenmarkt, etwa die protektionistisch geschützte Landwirtschaft, die Coiffeure und persönlichen Dienstleistungen, die Gesundheits- und Freizeitbranchen, der Detailhandel. Sie sind arbeitsintensiv und geniessen einen Distanzschutz, müssen sich der internationalen Konkurrenz nicht stellen. Demgegenüber müssen international tätige Wirtschaftszweige und Firmen hochgradig produktiv sein, um im Wettbewerb auf den globalen Märkten zu bestehen.

Auch Dienstleistungsbranchen mit tieferer Produktivität haben einen hohen Wohlfahrtseffekt! In den Schweizer Pflege- und Altersheimen arbeiten 40 000 Pflegehelferinnen, meist Frauen, Wiedereinsteigerinnen, Ausländerinnen ohne Berufsausbildung. Sie besorgen die tägliche Körperpflege der Patienten/innen, die Hygiene, die Versorgung und Betreuung, die in andern Ländern noch traditionellerweise in der Grossfamilie ausserhalb des Geldkreislaufs verrichtet werden. Je mehr die Produktivität und die Einkommen in den internationalen Branchen steigen, desto mehr werden Erwerbstätigkeiten in persönlichen Dienstleistungen (Reinigung, Wellness, Fitness, Massage, Kinderbetreuung, Fahrdienste) nachgefragt. Sie hemmen zwar die Erhöhung der Arbeitsproduktivität, sind aber gleichzeitig ein Wohlstandssymptom. Die OECD-Statistik wertet diesen Trend insgesamt als Wirtschaftsschwäche.

Ebenso lässt sich das abschätzige Urteil über die KMU in Box 9 nicht aufrechterhalten. Den KMU wird eine tiefe Produktivität unterstellt, und es wird bedauert, «nur» 30 000 der 300 000 KMU seien im Export tätig. Man könnte diese pessimistische Interpretation umkehren und stolz sagen, neben praktisch allen Grossfirmen und multinationalen Konzernen der Schweiz seien «immerhin» auch 30 000 KMU im Export tätig – mit wachsendem Anteil. Die KMU umfassen immerhin 62 Prozent aller Beschäftigten und stellen beschäftigungs- und wertschöpfungsmässig das Rückgrat der schweizerischen Volkswirtschaft dar, auch wenn viele KMU-Zweige unterdurchschnittliche Produktivitäten aufweisen. Zur Beschäftigung und zur Wohlfahrtsmehrung tragen sie allemal bei. Zudem sind Zehntausende KMU als Zulieferanten von Komponenten und Beratungsdienstleistungen für multinationale Konzerne tätig, die im Zeichen der Lean Production viele Wertschöpfungsstufen outgesourct hatten.

Fazit

Langsames Wachstum der Durchschnittsproduktivität ist kein Schwächezeichen, sondern Symptom einer gereiften Volkswirtschaft mit hohem internem Dienstleistungsanteil. Die Schweiz ist nicht nur wohlhabend wegen der multinationalen Konzerne, sondern auch wegen der starken Streuung der Produktion in KMU. Eine Wirtschaftsstrategie muss auch eine KMU-Strategie enthalten: Finanzierung von Start-ups, Firmengründungen, Support bei der Bedienung des Weltmarkts, Unterstützung der Personalausbildung und der beruflichen Weiterbildung,

Dritte These: Der Bankensektor ist angesichts der Globalisierung die Achillesferse der Schweizer Wirtschaft. Eine strengere Regulierung und Eingrenzung ist im volkswirtschaftlichen Interesse.

Die zweite Welle der Globalisierung machte die ehemaligen Gläubigernationen zu Schuldnerstaaten und die ehemals verschuldeten Schwellenländer zu den neureichen Gläubigern in der Welt. Dies wird tiefgreifende Machtverschiebungen in der Weltwirtschaft bewirken. Wie die Zahlen deutlich machen [Grafiken Seite 89/90], ist die Staatsverschuldung in der Schweiz im internationalen Vergleich tief und unproblematisch. Die öffentliche Verschuldung ist für die Schweiz kein Problemfall, auch nicht die Hypothekarverschuldung, die enorme Bankenverflechtung hingegen schon.

Bei der OECD-Darstellung der Staatsschulden müssten stets auch die öffentlichen Realvermögen, nämlich die getätigten Infrastrukturinvestitionen und deren Modernisierung und Erneuerungsgrad gegenübergestellt und verglichen werden. Diese Nettoverschuldung (d. h. Schulden abzüglich Finanzvermögenswerte im Besitz der öffentlichen Hand) liegt nur bei rund 5 Prozent des BIP.

Es entspricht einer politisch-ideologischen Wertung, dass vor allem die Staatsschulden in den Vordergrund gerückt werden und die private Verschuldung im Banken- und Finanzsektor kaum transparent ist.

Entscheidender für die makroökonomische Stabilität sind heute die in astronomische Dimensionen gewachsenen Schulden und Verbindlichkeiten des privaten Finanzsektors. Volkswirtschaftlich problematisch sind die gegenseitigen ausstehenden Kreditpositionen der Banken untereinander, die spekulativen Anlageformen mit gewaltiger Hebelwirkung und grossen systemischen Risiken, die Hedgefonds und Private Equity-Gesellschaften («Heuschrecken»), die börsenkotierte Firmen der Realwirtschaft zum Spielball machen können. Auch die Staatsschulden und ihre Sanierung können verheerende makroökonomische Belastungen zur Folge haben – siehe die Folgen der öffentlichen Verschuldung der südeuropäischen Krückenstaaten. Aber die Systemrisiken, die sich aus dem privaten Banken- und Finanzsektor ergeben, sind ungleich gewichtiger. Die Erfahrungen mit den jüngeren Finanzmarktkrisen von 1997/98, 2000/01 und noch mehr 2007–2010 belegen das.

Insofern ist die OECD-Optik, die stets nur die Staatsverschuldung mit einem antietatistischen Unterton in den Vordergrund rückt und diese nicht in Relation zu den Bankenrisiken setzt, historisch leicht überholt, was sich auch in der schwindenden Bedeutung der OECD-Institutionen gegenüber dem IWF, dem Financial Stability Board FSB und der G20 ausdrückt.

Im Jahre 2008 hatten alle Schweizer Banken zusammen eine Bilanzsumme, die dem 8,2-Fachen des schweizerischen Bruttoinlandsprodukts BIP entsprach. Im Vergleich dazu entsprach in den USA das Bankbilanzsummentotal bloss 0,9-mal dem amerikanischen BIP. Allein die UBS hatte eine 3,7-mal höhere Bilanzsumme als das schweizerische BIP, die Credit Suisse eine 2,2-mal höhere. Die Bank of America als grösste amerikanische Bank schaffte es nur gerade auf einen Sechstel des USA-BIP. Dies geht aus dem Stabilitätsbericht 2009 der SNB hervor.

Auf der schweizerischen Volkswirtschaft lastet also ein Kreditturm von Banken, den sie im Falle eines internationalen Finanzzusammenbruchs kaum bewältigen könnte. Die zwei Grossbanken sind *too big to rescue* und *too interconnected to fail*. In der Praxis stützen sie sich auf die Gewissheit, dass sie der Staat auf jeden Fall retten müsste. Diese enormen systemischen Risiken der beiden Grossbanken für die schweizerische Volkswirtschaft sind aus der Auswertung der Finanzkrise 2008 selbst vom Parlament – mit Verspätung zwar – wahrgenommen worden.

Der Finanzsektor ist somit die eigentliche Achillesferse der schweizerischen Volkswirtschaft. Nicht nur die Systemrisiken, sondern auch die Beeinflussung der Wechselkurse durch Kapitalflucht und spekulative Geschäfte (Frankenaufwertung), aber auch der Zinsen und die Währungsschwankungen haben Effekte in der Realwirtschaft. Die OECD hatte schon in früheren Wirtschaftsberichten auf dieses grösste aller Risiken für die Schweizer Wirtschaft hingewiesen.

Wie reich machen eigentlich die Banken die Schweiz? Die volkswirtschaftliche Bedeutung des Bankensektors ist gross, aber sie ist häufig auch überschätzt worden. Mit Absicht ist im In- und Ausland der Mythos gepflegt worden, die Schweiz sei vor allem dank der Banken und des Bankgeheimnisses reich. Vor der Finanzkrise 2007 hatte der gesamte Bankensektor insgesamt einen Wertschöpfungsanteil am schweizerischen BIP von 9 Prozent (hinzu kommen die Versicherungen, Pensionskassen, Treuhand- und Vermögensverwaltungsgewerbe mit etwa 5 Prozent Anteil am BIP). Dieser BIP-Anteil der Banken dürfte bis 2009 infolge der Krise auf etwa 6 bis 7 Prozent zurückgefallen sein. Der gesamte Bankensektor umfasste vor dem Abbau mit 132 000 Beschäftigten nur etwa 3,2 Prozent des Beschäftigten-Gesamtbestandes der Schweiz. Der Bankensektor ist zwar bedeutend, aber über 90 Prozent des Reichtums der Schweiz werden eben von der Realwirtschaft und nicht vom Kreditgewerbe erbracht. Die wirtschafts- und europapolitische Optik von Konrad Hummler im Beitrag zu diesem Band orientiert sich praktisch ausschliesslich an der Interessenlage des Bankensektors. Die Realwirtschaft ist für ihn kein Thema.

Einen weiteren Mythos, nämlich jenen um das Bankgeheimnis, ist die Schweiz heute daran zu korrigieren. Die Unterscheidung in Steuerhinterziehung und Steuerflucht war längst ein unglaubwürdiges Konstrukt, das in der Staatenwelt niemand mehr verstanden hatte. Die durch das Bankgeheimnis geschützte Steuerflucht aus dem Ausland hatte eigentlich immer nur für die zwei Grossbanken, für die 13 Privatbanken und für ein bis zwei Dutzend Auslandsbanken-Filialen in der Schweiz eine starke Bedeutung. Die grosse Mehrheit der 330 Banken in der Schweiz lebte nie von der Steuerflucht aus dem Ausland. Die wirtschaftliche Bedeutung des Bankgeheimnisses ist stets masslos überschätzt worden.

Die Aufweichungsschritte beim Bankgeheimnis sind stets nur auf Druck des Auslandes vorgenommen worden. Unser Regierungssystem hatte nie die Kraft, in Sachen Bankgeheimnis das eigene Haus von selbst in Ordnung zu bringen. Wo das Bankgeheimnis gelockert worden ist, geschah es immer auf politisch-wirtschaftlichen Druck des Auslandes. Bei allen demokratischen Strukturen, die im Übrigen intakt sind, hat der Bankensektor einen oligarchischen Einfluss auf die Gesetzgebung und Regulierung in Bundesbern.

Fazit

Man muss die Problemgewichtung verschieben: Die Staatsverschuldung ist für die Schweiz ein untergeordnetes Problem. Gravierender für die Stabilität der schweizerischen Volkswirtschaft ist der mit den zwei Grossbanken überdimensionierte Bankensektor. Dieser ist die Achillesferse der schweizerischen Wirtschaft. Es braucht eine

Durchsetzung stärkerer Eigenmittel- und Liquiditätsvorschriften für die Banken, eine rechtliche Festlegung von Prozeduren im Insolvenzfall, eine Entflechtung zwischen befangener Aufsichtsbehörde und Bankeninteressen. Die politische Oligarchie der Bankinteressen innerhalb der Demokratie machte und macht die Anpassung an die internationalen Spielregeln der Steuerfluchtbekämpfung zu einem Dauerproblem, welches unser Verhältnis zur EU und zur ganzen Völkergemeinschaft prägt und belastet. Globalisierungsprobleme sind für die Schweiz in erster Linie Finanzplatzprobleme.

Vierte These: Die Alterung der Bevölkerung ist auch für die Schweiz ein Problem – deren Finanzierung im Gegensatz zu andern Ländern nicht.

Die Alterung der Bevölkerung und die Altersrentenfinanzierung nehmen bei Flückiger und Schwab einen bedeutenden Platz ein. Auch hier folgen sie dem Mainstream der OECD-Ökonomen, die ihre Warnungen vor allem mit Blick auf die umlagefinanzierten Altersvorsorgesysteme der grossen Industriestaaten formulieren und ständig repetieren.

Gemäss der OECD machen in der Schweiz die angesparten Mittel der zweiten und dritten Säule über 150 Prozent des BIP der Schweiz aus [Grafik Seite 29]. Damit stehen wir weltweit am besten da. Neben den rund 750 bis 800 Milliarden CHF an Sparkapitalien der beruflichen Vorsorge (Pensionskassen plus Sammelstiftungen) sind mehrere hundert Milliarden CHF der freiwilligen Vorsorge (Säulen 3a und 3b) sowie weiterer Summen an Sparkapitalien und Vermögen in Liegenschaften und Wertpapieren für die zukünftige Altersvorsorge bereits finanziert. Die Wohnliegenschaften aller privaten Haushalte zusammen haben zudem einen Schätzwert von 1300 Milliarden CHF. Und insgesamt haben alle privaten Haushalte der Schweiz ein Nettovermögen (also alle Wertbestände und Forderungen abzüglich aller Schulden) von 2400 Milliarden CHF oder das Viereinhalbfache des aktuellen BIP.

Diese astronomischen Zahlen über die Vermögenswerte der heute lebenden Schweizer Bevölkerung sagen natürlich nichts aus über die (ungleiche) Vermögensverteilung, aber die von der OECD wiederholt geäusserten Warnungen vor der Finanzierungslücke durch Überalterung zielt im Vorsorgesparland Schweiz daneben.

Freilich braucht es bei der umlagefinanzierten AHV eine Anpassung an die demografische Entwicklung. Die amtlichen Prognosen des Bundesamts für Sozialversicherung über den zukünftigen Finanzstatus und Finanzbedarf der AHV sind seit drei Jahrzehnten immer zu pessimistisch verlaufen, weil die Entwicklung der Lohnsumme und der Produktivität stets unterschätzt worden ist. Die Szenarien der Bevölkerungsentwicklung für die Schweiz von 2010 bis 2060 sind eben jüngst wieder nach oben korrigiert worden. Andrerseits haben Gewerkschaften und die Linke den Finanzierungsbedarf und generell der Sozialversicherungen stets mit Zweckoptimismus verdrängt. So wäre die AHV-Rechnung im Jahrzehnt 2000–2010 in die roten Zahlen abgegleitet, wäre nicht 1999 das AHV-Mehrwertsteuerprozent mit einem jährlichen Ertrag von über 2 Milliarden CHF eingeführt worden.

Ich gehe davon aus, dass sowohl im Jahrzehnt 2010–2020 als auch 2020–2030 ein weiteres Mehrwertsteuerprozent für die AHV-Finanzierung eingerichtet werden muss. Vor die Wahl gestellt, das Rentenalter zu erhöhen oder ein weiteres zweckgebundenes Mehrwertsteuerprozent zuzulassen, wird sich das Volk für das zweite entscheiden. Auch der Umwandlungssatz bei der Berechnung der Renten der zweiten Säule in den Jahren nach 2014 wird wohl leicht gesenkt werden.

Fazit

Die Warnungen bezüglich der Alterung der Bevölkerung und der Finanzierbarkeit der Altersvorsorge treffen für Länder mit rein umlagefinanzierten Modellen (Griechenland, Frankreich, Deutschland und ganz Osteuropa) durchaus zu. Insofern sind die OECD-

Warnungen ernst zu nehmen. Doch die heute lebende Schweizer Bevölkerung hat durch das Dreisäulen-System mehr als die Hälfte ihres finanziellen Alterssicherungsbedarfs längst angespart, und sie wird institutionell weiter sparen. Die Alterung in der Schweiz ist finanziell zu bewältigen. Falls die steigende Lebenswartung doch ein Problem darstellt, besteht es vielmehr im überproportional wachsenden Personalbedarf bei der Altersbetreuung. Diesem ist durch entsprechende Bestimmungen bei der Berufsausbildung Rechnung zu tragen (siehe meine erste These).

Ausblick und politische Strategien

Was sind denn, zusammengefasst und in einer strategischen Dimension formuliert, die wichtigsten Herausforderungen der neuen Globalisierungswelle für die Wirtschaftspolitik der Schweiz und für ihre politischen Institutionen?

Sich an die neuen Spielregeln der globalisierten Welt anpassen — Die Schweiz steht bei zentralen internationalen Themen mit dem Rücken zur Wand. Die neuen grossen Player in der Weltwirtschaft werden die relative Bedeutung der Schweiz in der Welt weiter zurückbinden. In der G20 ist die Schweiz nicht vertreten. Im IWF wird sie ihre Position an die neuen Gläubigernationen abtreten und möglicherweise ihren Sitz im Exekutivkomitee verlieren. Im FSB ist sie als einziges Nicht-G20-Land und nur ad personam durch den SNB-Präsidenten vertreten. Ihr Rückhalt bei den OECD-Staaten ist wegen des Imageschadens wegen der Steuerfluchtfrage geschwunden. «Die Schweiz ist einsam geworden» [Seite 130]. Diesem Befund ist beizuflichten.

Die Globalisierung erzwingt globale Spielregeln. Grösste Herausforderung ist die derzeit mangelnde politische Anpassung der Schweiz an diese neuen Spielregeln der globalisierten Welt. Dies ist auch ein mentales Problem. Die schweizerische Wirtschaft hat sich durch ihren Strukturwandel als anpassungsfähig erwiesen, und sie ist globalisierungstauglicher, als manche Ökonomen geglaubt haben. Hingegen sind die politische Schweiz und ihre Institutionen nicht nachgekommen. Dies zu korrigieren, ist Aufgabe erster Ordnung für die politische Führung des Landes.

Die Steuerflucht-Problematik auflösen — Die dringendste Frage, die unser Verhältnis zur Welt und zu den Nachbarländern prägt und vergiftet, dreht sich um Steuerflucht und Bankgeheimnis (von denen, wie erwähnt, nur eine Handvoll Bankhäuser profitieren). Bisher hat die Schweiz nie die Kraft gefunden, von sich aus in Sachen Bankgeheimnis ihr Haus in Ordnung zu bringen. Und sie ist in Gefahr, mit neuen Tricks und Scheinlösungen, wie etwa mit dem Modell einer «Abgeltungssteuer» anstelle der Amtshilfe-Auskunftspflicht, in neue Sackgassen hineinzufahren. Welche politischen Kräfte in den OECD-Staaten auch immer regieren werden, sämtliche Industrieländer werden aufgrund ihrer hohen Staatsverschuldung auf eine koordinierte Bekämpfung der Steuerflucht pochen. Und sie werden mit Sicherheit mitten auf dem europäischen Kontinent keine Steuerfluchtinsel mehr dulden.

Dieser innenpolitische Anpassungsprozess an die globale Realität ist ein schmerzhafter Schritt im mentalen Sinn – das manifestiert sich auch deutlich im Kommentar von Konrad Hummler. Aber er ist ein durchaus machbarer im ökonomischen Sinn. Die Preisgabe des Bankgeheimnisses ist wirtschaftlich verkraftbar. Innenpolitisch besteht daneben ebenso Handlungsbedarf in Bezug auf die Finanzstabilität und die *too-big-to-fail*-Problematik. Denn der Bankensektor ist zwar eine Stärke, aber auch die Achillesferse der schweizerischen Volkswirtschaft.

Unser Verhältnis zur EU klären und bereinigen — Unser Verhältnis zur EU ist zu klären. Die Politik der bilateralen Verträge ist ein Auslaufmodell, weil die EU neben dem Acquis communautaire kein weiteres Parallelrecht mehr einrichten will. Durch die Erweiterung auf 27 Mitgliedsstaaten ist die EU in Bezug auf Sonderbeziehungen unflexibel geworden. Damit wird auch die Politik des – offiziell so genannten – «autonomen Nachvollzugs» von selektivem EU-Recht in der Schweiz zur Illusion.

Seit zwei Jahrzehnten wird unsere EU-Politik von zwei unterschiedlichen politischen Kräften geprägt: einerseits vom Widerstand der Globalisierungsverlierer und ihres populistischen Lagers und andrerseits von der egoistischen Kurzsichtigkeit der international tätigen Bankiers. Eine gemeinsame Deblockierung durch verschiedene politische Lager ist nötig – Ansätze dazu gibt es. Einen direkten Beitrittskurs halte ich für dieses Jahrzehnt für unrealistisch. Aber ein Kurswechsel in Richtung einer dynamischen Übernahme des wirtschaftlichen Acquis communautaire – sei es durch den Beitritt zum immer noch bestehenden und voll funktionsfähigen Europäischen Wirtschaftsraum EWR (was ich vorziehen würde) oder durch eine Art Rahmenabkommen zur dynamischen Anpassung an das Gemeinschaftsrecht – ist im Rahmen einer neu zusammengesetzten Regierung unabdingbar. Die zwei grössten Stolpersteine, die in der Vergangenheit unseren Weg in Richtung EU innenpolitisch blockierten, nämlich die Personenfreizügigkeit und das Bankgeheimnis, sind ja weggeräumt. Ein Zuwarten bringt von Jahr zu Jahr mehr Probleme.

Die Strukturanpassung an die Weltwirtschaft mit der Bildungspolitik unterstützen und sozial abfedern — Die kommende neue Welle der Globalisierung erfordert eine beschleunige Strukturanpassung in der Wirtschaft. Sie hinterlässt auch Globalisierungsverlierer. Die

Entwicklung und Diffusion neuer Technologien und die Aufrechterhaltung von Qualitätsstandards bei der Arbeit sind Grundvoraussetzungen für die Erhaltung der internationalen Konkurrenzfähigkeit. Die wichtigste Strategie, mit der sich ein hoch entwickeltes, teures Industrieland wie die Schweiz auf den globalen Märkten behaupten kann, ist jene Strategie, die durch Bildung, Berufsbildung, ständige Weiterbildung, Forschung und technologische Innovation geprägt wird. Dies erfordert in Zukunft nicht weniger, sondern mehr öffentliche Finanzmittel. Landesintern ist eine soziale Abfederung für Globalisierungsopfer nötig sowie eine arbeitsmarktliche und soziale Integration der bildungsfernen Schichten aus der früheren Zuwanderung. Sonst holt uns die soziale Problematik durch politische Reflexe des isolationistischen Angstmechanismus der Globalisierungsverlierer wieder ein. Ich denke nicht primär an ständig mehr Sozialhilfe, sondern viel mehr an eine präventive Politik der Arbeitsmarktintegration, der Berufsbildung und beruflichen Weiterbildung im Zeichen des Strukturwandels.

Die schwache politische Führung als Hauptproblem erkennen und angehen — Man könnte ein ganzes Sortiment weiterer wirtschaftspolitischer Handlungsfelder im Zeichen der neuen Globalisierungswelle aufführen, die nicht minder bedeutsam sind: etwa die Wettbewerbspolitik, den Infrastrukturausbau, die Energieversorgung, die protektionistisch geschützte Landwirtschaft oder sozialpolitische Felder wie die stets wachsenden Gesundheitsaufwendungen. Doch solche Probleme sind in einem reichen Land lösbar.

Das dominierende und ungelöste Querschnittsproblem ist jenes der mangelnden politischen Führung, hier stimme ich mit Konrad Hummler überein. Die Schweiz ist reform- und anpassungsfähig. Nur fehlen derzeit der Zusammenhalt und die Durchsetzungsfähigkeit der politischen Eliten. Die Politik auf Bundesebene ist durch extreme

Polarisierung, dogmatische Positionen links und rechts, durch eine qualitativ schwache Personaldecke in der politischen Mitte und durch den Antietatismus der Wirtschaftsführer geprägt.

Wer die recht instruktive Behördenanalyse der vereinten parlamentarischen Geschäftsprüfungskommissionen zur Wirtschafts- und Finanzkrise auswertet, kommt zu einer doppelten Erkenntnis: Nicht das Regierungssystem hatte versagt; vielmehr war die Führungsschwäche und Überforderung von Mitgliedern des Bundesrats das Hauptproblem bei der Krisenbewältigung und beim Management der internationalen Herausforderungen. Aber gleichzeitig zeigt die gleiche Medaille auch eine positive Seite, nämlich die hohe Qualität und vorausschauende Professionalität des obersten Führungspersonals auf der Ebene der Bundesverwaltung und der Nationalbank. Diese Ebene der Staatsdiener, der *civil servants* (England) oder *commis de l'état* (Frankreich), also der Staatssekretäre und Bundesamtsdirektoren sowie auch der SNB-Direktionsmitglieder, ist durch eine Regierungsreform zu stärken. Es braucht eine Entlastung des Bundesrats durch mehr Staatssekretäre, und zwar nicht durch parteipolitisch ausgewählte Quereinsteiger, sondern durch eine Kultur der Verwaltungskarriere von unabhängigen Spezialisten der Staatsführung. In jedem Departement müssten mehrere Staatssekretäre, vom Bundesrat gewählt und vom Parlament bestätigt, geschaffen werden, welche die Führungsschwäche auf der Ebene der Regierung auffangen und besonders die Überforderung bei internationalen Verwicklungen und in Krisenfällen überbrücken können. Aber wie die Regierungsreform auch aussieht, sie entbindet nicht von der Aufgabe, den Bundesrat mit neuen, fähigen und kooperationsbereiten Personen zu besetzen.

DIE SCHWEIZ «VERZAHNT» MIT DER WELT UND EUROPA

KONRAD HUMMLER

Wenn von «zweiter Welle der Globalisierung» die Rede ist, stellt sich zunächst die Frage nach der ersten Welle, sodann aber auch nach der möglicherweise dritten Welle. Denn es geht ja um strategische Weichenstellungen, d. h. um Entscheidungen mit säkularen Auswirkungen. Ein zu enger Zeitrahmen, der für die Globalisierungswellen gewählt wird, ist diesbezüglich problematisch. Als «erste Welle» wird diejenige nach dem Zweiten Weltkrieg bis zum Zusammenbruch der kommunistischen Staatenwelt beziehungsweise der Beendigung des bipolaren Machtsystems gesehen. In der «zweiten Welle» würden wir uns somit zum heutigen Zeitpunkt befinden (wobei die Spezifika dieser «zweiten Welle» noch genauer zu untersuchen wären). Die historisch gesehen kurzen Intervalle bergen die Gefahr in sich, dass höchstens in operativen, vielleicht auch nur taktischen Kategorien gedacht wird. Vorab der politische Praktiker wird dieser Gefahr am ehesten ausgesetzt sein. Besser wäre grundsätzlich, wirklich historische Dimensionen zu wählen. Dann würden wir uns allerdings nicht in der «zweiten Welle der Globalisierung» befinden, sondern vermutlich in der fünften oder sechsten.

«Fünf» Globalisierungswellen

Eine – vielleicht – erste Globalisierung fand ja – im Rahmen der damaligen Erkenntnisse über den Erdkreis – zur Zeit Alexanders des Grossen statt. Hellenische, persische und indische Elemente fanden darin eine gewisse Vereinigung und legten die Grundlage für die zweite Welle der Globalisierung durch das römische Imperium. Für das Territorium unseres Landes, damals bewohnt durch den keltischen Stamm der Helvetier, war jene Globalisierungswelle insofern von hoher Relevanz, als Rom einen ziemlich wilden Ausbruchsversuch aus der Kargheit der Alpen zu vereiteln wusste. Caesar stoppte das Bergvolk auf dem Weg bis zum Atlantik bei der burgundischen Stadt Bibracte, sandte es zurück und richtete es auf eine für Rom strategisch wichtige Funktion im Rahmen der damaligen Globalisierung aus: Auf die Errichtung und den Unterhalt der lebenswichtigen Verkehrswege durch die Alpen. Das daraus erfolgende *give-and-take* zwischen dem Alpenland und den Integrationsbestrebungen des europäischen Kontinents sollte für die nächsten 2000 Jahre das Schicksal der Schweiz bestimmen.

In der dritten Globalisierungswelle, der Entdeckung und der nachfolgenden Kolonialisierung weiterer Kontinente durch die Europäer, erfolgte zum ersten Mal ein relativer Bedeutungsverlust hinsichtlich dieser *give-and-take*-Funktion des Alpenlandes. Die Seewege wurden wichtiger, der interkontinentale Handel fand einen ersten grossen Aufschwung, das militärische Interesse galt der Marine, und Europa zermalmte sich im Dreissigjährigen Krieg in kleinräumig gedachter Territorialität. Man kann den Bedeutungsverlust der Alten Eidgenossenschaft mühelos in den aus der Kolonialisierung erfolgten

Paradigmenwechsel einordnen. Die Schweiz war durch ihn relativ bedeutungsärmer geworden und hatte keine neue Funktion jenseits des Hütens und Unterhaltens der Alpenübergänge gefunden.

Erst in der vierten Globalisierungswelle, jenes durch Dampfmaschine, Eisenbahn, Industrialisierung getragenen Aufbruchs in die Neuzeit, fand unser Land zu einer neuen strategischen Funktion. Zwar wurde das infrastrukturelle *give-and-take* durch die Erschliessung der Alpenübergänge mit modernen Verkehrsmitteln auf eine neue und gewichtigere Basis gestellt, gleichzeitig öffnete sich unser Land aber auch einerseits als äusserst liberale Plattform für die intellektuelle und ökonomische Elite jener Zeit, andrerseits als Ausgangsbasis für eine beispiellose, global konzipierte Handels- und Investitionstätigkeit. Schweizer Industrielle, Schweizer Hoteliers, Schweizer Handelstätige eroberten die Welt; die Wurzeln vieler heute noch mächtiger multinationaler Konzerne gehen auf die Gründerzeit zwischen 1850 und dem Ersten Weltkrieg zurück. Grundlagen dieser nach innen und aussen gerichteten Öffnung waren gewiss die liberale Verfassung von 1848 und die als Folge des Sonderbundkriegs erzwungene Einigung der Landesregierung auf einige wenige, einfach verständliche und allgemein (im Sinne eines kleinsten gemeinsamen Nenners) akzeptierten Grundsätze.

Mit der Katastrophe des Ersten Weltkriegs fand dieses goldene Zeitalter der neuen Eidgenossenschaft, das Gleichgewicht zwischen infrastrukturell motiviertem *give-and-take* mit Europa und einer auf die weite Welt ausgerichteten Denk- und Handlungsweise, ein abruptes Ende. Was folgte, war ein auf Überleben in misslichen Verhältnissen ausgerichtetes Lavieren zwischen allen möglichen Fronten. Es verlief allerdings, Fügung oder Leistung seien hier nicht diskutiert, im Wesentlichen sehr erfolgreich. Die Schweiz konnte als unversehrtes Land mit unendlich grossen komparativen Vorteilen aus dem Zweiten

Weltkrieg in den Aufschwung der 1950er- und 1960er-Jahre des letzten Jahrhunderts starten. Dank der bipolaren Konfrontation mitten auf dem europäischen Kontinent war die Schweiz beinahe fünfzig Jahre lang bis 1989 geostrategisch belangreich. «Stabilität» wurde zur neuen Funktion im *give-and-take* gegenüber Europa und der Welt. In geschickter Kleinarbeit wurde diese Sonderstellung gepflegt und ausgebaut. Dazu gehörten gewiss auch der stupende Erfolg des Finanzplatzes Schweiz im Geschäft mit der grenzüberschreitenden Vermögensverwaltung, die Etablierung unseres Landes als sozusagen idealer Standort für multinational tätige Unternehmungen sowie die enge Verknüpfung unserer Institutionen mit allen erdenklichen Institutionen in Europa und der ganzen Welt. Alles in allem eine fast unglaubliche Erfolgsgeschichte. Nur: Das strategische Standbein der Wahrung von Stabilität und Sicherheit im Kern Europas als *give-and-take* ist – statt leider muss es, gesamthaft gesehen, heissen: glücklicherweise! – dahin. Europa hat sich aus eigener institutioneller Kraft und als Folge von 1989 insgesamt stabilisiert. Das *give-and-take* ist nicht mehr nötig, weder für Europa noch für die Schutzmacht der Amerikaner. Der äusserst erfolgreiche Sonderfall Schweiz steht sozusagen im luftleeren Raum.

Die fünfte Globalisierungswelle

Hier setzt nun das ein, was in diesem Buch «zweite Welle der Globalisierung» genannt wird: Eine Episode in der für den Autor dieses Beitrags fünften Globalisierungswelle. In der Folge wollen wir uns der operativ bis taktischen Ebenen dieser Episode annehmen, um am Ende wieder zum strategischen Niveau der fünften Globalisierungswelle zurückzukehren.

Die gegenwärtige Episode zeichnet sich – ausgerechnet, wollte man hier zufügen – durch eine ernsthafte Gefährdung der Stabilität Europas aus. Endogen erzeugt, d. h. durch falsche, weil bei weitem zu interventionistisch, unliberal und zu stark auf das politische Ziel der raschen und immer weitere Flächen Europas umfassende Integration ausgerichtet, wird nach der Finanzkrise die Achillesferse Europas blossgelegt: Die Finanzierung der bei weitem überdimensionierten staatlichen und überstaatlichen Strukturen. Die Schweiz mit ihrer eigenen Währung gilt in diesem auf Finanzierungsfragen beschränkten Aspekt wieder einmal als Hort der Stabilität.

Die Not innerhalb der EU und der Euro-Zone im Umgang mit finanziell angeschlagenen Mitgliedsländern könnte, sehr oberflächlich gesehen, Anlass zur Freude in der Schweiz sein. Denn erstens deutet die Tatsache einer klar ersichtlichen Zuwanderung darauf hin, dass man hierzulande nicht alles falsch macht. In der Tat: Fast alle Aggregate und Indikatoren deuten auf besonders günstige, wachstumsfreundliche, optimistisch stimmende Verhältnisse in der Schweiz hin. So dürfte sich gemäss Prognosen des Eidgenössischen Finanzdepartements die Gesamtverschuldung der öffentlichen Hand, d. h. von Bund, Kantonen und Gemeinden, im Jahre 2010 auf lediglich 43 Prozent des BIP belaufen.

Im Jahre 2009 verzeichnete die Eidgenossenschaft einen Einnahmenüberschuss von über 2000 Millionen CHF (ohne Berücksichtigung der Ausgaben für die öffentlichen Sozialversicherungen); die Stadt St. Gallen, wo der Autor lebt und arbeitet, verteilte im Jahr 2009 Einkaufsgutscheine an die Bevölkerung, da sie im Vorjahr einen Überschuss erwirtschaftet hatte. In den vergangenen Jahren setzten verschiedene Kantone dazu an, die Unternehmenssteuern zu senken. Die durchschnittliche Besteuerung von juristischen Personen in der Schweiz beläuft sich gemäss KPMG auf gut 21 Prozent des ausgewiesenen Gewinns. Im Vergleich dazu zahlt man in Deutschland etwa 29, in Frankreich 33 und in UK 28 Prozent. Die Zuwanderung betrifft deshalb nicht nur natürliche, sondern auch juristische Personen. Die schweizerische Mehrwertsteuer liegt derzeit bei 7,6 Prozent. Deutschland schöpft 19, Italien 20 und Frankreich 19,6 Prozent ab.

Die Schweiz ist zusammen mit Holland und Norwegen auch deutlich besser als praktisch alle andern Länder Europas für die demografische Herausforderung des Älterwerdens in der Gesellschaft gerüstet, baut sie doch nicht allein auf Sozialversicherungen mit Umlageverfahren, sondern verfügt über im Kapitaldeckungsverfahren finanzierte Pensionskassen.

Das Gesundheitssystem in der Schweiz ist zwar relativ teuer, aber auch enorm komfortabel. Obwohl immer wieder politischem Druck ausgesetzt, konnte sich ein relativ freier Arbeitsmarkt erhalten, weshalb die Arbeitslosenrate lediglich 4,4 Prozent beträgt (im Vergleich dazu: Deutschland 7,5; Frankreich 10,0; Spanien 19,5 Prozent).

Die Schweiz hat auch die Finanzkrise der letzten zwei Jahre relativ glimpflich überstanden. Gewiss, man musste (?) der Grossbank UBS mit einer saftigen Risikoübernahme für toxische Aktiva durch die Notenbank unter die Arme greifen, und man musste (?) seitens der Eidgenossenschaft an notwendig gewordenen Kapitalerhöhungen teilnehmen. Die Notenbank dürfte ihr amerikanisches Immobilien-Exposure nicht so schnell wieder los werden, während sich die Eidgenossenschaft von ihren UBS-Aktien mit Gewinn wieder getrennt hat. Man kam insgesamt also mit einem blauen Auge davon. Deutlich Besseres ist über das Wirtschaftswachstum zu berichten. Auch die Schweiz erlitt zwar eine Rezession. Namentlich die Exportindustrie war und ist durch die Krise stark herausgefordert; vielerorts muss mit 20, ja 40 Prozent tieferen Umsätzen als 2007 weitergearbeitet werden. Im Bausektor (Zuwanderung!) und im Konsumsektor gab es aber keine merkliche Rezession. Entsprechend undramatisch erweist sich das Gesamtbild der schweizerischen Konjunktur im Vergleich zum internationalen Umfeld.

Man könnte auch noch eine Menge *soft factors* nennen wie die innere Sicherheit, die Partizipation der Bürger am öffentlichen Leben, die hohe Steuerdisziplin, die Fähigkeit, einen prozentual hohen Anteil von Ausländern mehr oder weniger reibungslos zu integrieren – aber lassen wir das. Denn es zeigen sich ja zwei Probleme ziemlich deutlich: Erstens sind die Vorzüge der Schweiz wirklich nur relativ. Absolut gesehen geschehen auch in unserem Land endogen erzeugte Fehler, die nur schwer wiedergutzumachen sind. So hat das Schweizer Volk anfangs März 2010 der weiteren systematischen Aushöhlung ihres Pensionskassensystems durch zu hohe Rentenbezüge zugestimmt. Die im Umlageverfahren organisierte erste Vorsorgesäule weist eine hohe implizite Schuld auf. Im Rahmen der Personenfreizügigkeit konzedierte man den Gewerkschaften wesentliche Einschränkungen des freien Arbeitsmarkts. In allen Politikbereichen findet offenkundig eine Zentralisierung beim Bund statt; die Kantone betreiben derweil eine stille Zentralisierung durch demokratisch wenig abgestützte Syndikate (Konkordate). Man kann also mit Fug und Recht sagen, auch die Schweiz befinde sich auf einer schrägen Ebene, mit dem Unterschied, dass sie weniger schräg ist als jene rundherum.

Schweizer Erfolg als «Achillesferse»

Zweitens und viel wichtiger: Der zwar relative, aber dennoch eklatante Erfolg der Schweiz wird mehr und mehr zur strategischen Achillesferse des Alpenlands. Denn es ist unwahrscheinlich, dass sich die Schweiz einer europäischen Harmonisierungswelle, eine logische Folge der Euro-Krise, gänzlich entziehen kann. Im Gegenteil: Die Schweiz kann zur idealen Zielscheibe des gesamten europäischen Neides und Unmuts über die deplorable eigene (und selbstverschuldete) Situation werden.

Ins Visier geraten würden (beziehungsweise sind bereits) das grenzüberschreitende Vermögensverwaltungsgeschäft, die Pauschalbesteuerung vermögender Ausländer, die Holdingbesteuerung, die Mehrwertsteuer, schliesslich aber vermutlich auch die Unternehmenssteuer und die Einkommenssteuer. Ferner geraten im zwischenstaatlichen Handel die Transferpreise für Güter und die Royalties unter Druck. Die Auseinandersetzung um das schweizerische Bankgeheimnis wäre dann nur das Vorspiel gewesen zu einem viel weiterreichenden Eliminationsversuch des lästigen Benchmarks inmitten eines Europa, das zur Steuerharmonisierung und zur Verdichtung der Regulierung auf bedeutend höherem Niveau ansetzt.

Allerdings ist diese Konstellation auch noch nicht hinreichend beschrieben. Es fehlt nämlich noch ein wesentliches Element: Der fast vollständige Mangel an Macht auf schweizerischer Seite. Der Klassenerste hat alle Vorzüge, aber kräftig ist er nicht (eine Konstellation, die auch auf manche Schulklasse zutrifft). Im Gegenteil: Das Alpenland ist in hohem Masse abhängig von der Umgebung. Ein wesentlicher Teil der Infrastruktur wird gemeinsam betrieben und genutzt, es herrschen grosse Interdependenzen, was den Handel mit Gütern und die Erbringung von Dienstleistungen betrifft, schliesslich ist man auch im kleinen Grenzverkehr so eng verzahnt, dass oft kaum auszumachen ist, auf welcher Seite der Grenze man sich befindet. Diese (gegenseitige) Abhängigkeit ist auf den kooperativen Spielmodus, wo getroffene Abmachungen rechtlich durchsetzbar sind und die Teilnehmer den *rule of law* geniessen, angewiesen; Machtausübung würde das fragile Gebilde rasch zum Einsturz bringen.

Ausblick und politische Strategien

Nun, welche Möglichkeiten stehen dem schmächtigen, etwas bleichgesichtigen Klassenersten zur Verfügung, wenn er nicht Gefahr laufen will, eines Tages in einer dunklen Ecke des Schulwegs zusammengeschlagen zu werden? Aus Sicht des Autors gibt es die folgenden Optionen:

Die «Grosse-Bruder-Strategie» — Die Drohung mit einer höheren Instanz ist nützlich - die Schweiz hat namentlich während des Kalten Kriegs im Sinne eines *don't move* extensiv davon gezehrt. Sie setzt allerdings voraus, dass es einen solchen Bruder auch gibt und dass er, wenigstens theoretisch, auch kommen könnte. In der gegenwärtigen Situation, nicht zuletzt als Folge der unseligen Probleme der UBS mit den USA, steht diese Strategievariante für die Schweiz nicht mehr zur Verfügung, zumal anlässlich des G20-Gipfels von 2009 eine gewisse Gemeinsamkeit der Interessenwahrnehmung dies- und jenseits des Atlantiks festgelegt wurde.

Die «*join-them*-Strategie» — Der Vollbeitritt zur EU (im vermutlich ungünstigsten Zeitpunkt) würde eine völlige Änderung des bisherigen Lebensstils bedeuten, zum Beispiel die direkte Demokratie kosten, die ausgesprochen starken Volksrechte, den landesinternen Steuerwettbewerb, die eigene Währung und so weiter. Der Wohlstandsverlust wäre angesichts des grossen Gefälles vorprogrammiert. Die Schweiz würde wohl neben Deutschland rasch zum grössten Nettozahler innerhalb der EU. Das Steuerniveau in unserem Land würde durch die erhöhten Transferleistungen zweifelsohne steigen.

«Die Schule wechseln» — Dies findet bei unglücklichen Klassenersten oft und mit Erfolg statt, ist für ein Land inmitten eines Kontinents insgesamt aber ausgeschlossen. Gewiss, die Aussenhandelsstruktur der Schweiz hat sich in den letzten Jahren stark den asiatischen Ländern zugewandt. Die Schweiz ist insofern eine der globalsten Nationen der Welt. Die Virtualisierung der wirtschaftlichen Vorgänge über das Internet akzentuiert noch die Möglichkeiten zur territorialen Loslösung. Dennoch müssen wir uns realistischerweise doch auch für die fernere Zukunft damit abfinden, dass wir in Europa sind und bleiben.

«Intelligente Verzahnung» – Sie entspricht dem Versuch des Klassenersten, seine komplementären Vorteile ins Spiel zu bringen. Sie stellt aber auch eine sehr aufwendige Methode dar, denn man muss dauernd darauf bedacht sein, einerseits allen genug zu geben, ohne ihnen andrerseits einen Grund zu geben, sich mit den andern zu verbinden und mehr zu erpressen. Die Methode setzt mithin voraus, dass alle unnötigen Abhängigkeiten des Klassenersten laufend eliminiert werden beziehungsweise dass der Unangreifbarkeit des eigenen Verhaltens höchste Priorität zukommt. Der Klassenprimus sollte nicht um seine Kollegen froh sein müssen, er darf nicht deren Sklave werden. Am besten gestellt ist er, wenn er notfalls doch noch von Strategie 3 «Schule wechseln» Gebrauch machen könnte.

Ein gewisser Ausgleich mit den wichtigsten Nachbarländern im Problembereich der grenzüberschreitenden Vermögensverwaltung mit der Idee einer abgeltenden Quellenbesteuerung entspricht genau dieser vierten Option «intelligente Verzahnung». Es geht um Unangreifbarkeit beziehungsweise um den neuerlichen Versuch der Etablierung eines *give-and-take* mit Europa. Auf die Einwände gegen die sogenannte Abgeltungssteuer, an anderer Stelle in diesem Buch geäussert, wird nicht weiter eingetreten.

«Intelligente Verzahnung» könnte, die besonders delikate Problematik der grenzüberschreitenden Vermögensverwaltung bei weitem übersteigend, auch den Versuch beinhalten, Asymmetrien der Beziehungen zu Europa zu beseitigen beziehungsweise wenigstens zu reduzieren. Im Zentrum steht dabei gewiss der Begriff der «Beitrittsfähigkeit», von der EU in grosser Selbstverständlichkeit im

Sinne einer Einbettung in Richtung Brüssel verstanden. Die Idee läuft darauf hinaus, sozusagen gleich lange Spiesse zu schaffen. Theoretisch ist das durchaus nachvollziehbar. Die Schweiz wird so lange von der EU als Verhandlungspartnerin nicht ernst genommen werden, als sie sich nicht ebenfalls als «beitrittsfähig» bezeichnet – aber eben nicht als beitrittsfähig zur EU, sondern umgekehrt, dass man auch der Schweiz beitreten kann. Was das Aussenverhältnis unseres Landes zur europäischen Welt betrifft, verfügen wir über eine Anzahl von Freihandelsverträgen, welche die Qualität der Aussenbeziehungen der EU in den Schatten stellt. Nicht, dass es darum ginge, auf die Sezession konkreter Regionen hinzuzielen! Die Kohärenz sowohl der meisten europäischen Staaten gegenüber ihren Bundesländern, Departementen und Regionen ist hoch, ebenso die Kohärenz der EU als solche. Vielmehr geht es um das Recht auf Alternativen zum gewachsenen, zentralistischen und transferorientierten Modell der EU, also letztlich um das Recht auf Selbstbestimmung.

Doch, wie gesagt, die Idee ist tatsächlich lediglich theoretischer Natur und droht, beim Versuch der Umsetzung ins Praktische, eine lächerliche Note zu erhalten. So etwa, wenn sogenannt repräsentative Umfragen in der Bevölkerung Vorarlbergs, Baden-Württembergs, Savoyens und Oberitaliens einen Beitrittswillen weismachen. Der Schweiz fehlen schlicht die strategischen Grundlagen und die strukturellen Modelle, um eine solche Variante glaubwürdig zu gestalten. Ähnliches muss wohl zu dem in letzter Zeit wieder in die Diskussion getragenen Beitritt zum EWR gesagt werden. Der EWR ist kein Gegenmodell zur EU, sondern höchstens ein Annex. Er beseitigt das Asymmetrieproblem in keiner Weise – dazu bräuchte es eine eigenständige lebensfähige Alternative zur EU. Mit dem langsamen Absterben der EFTA wurden Hoffnungen in jene Richtung aber ebenfalls sukzessive beerdigt.

Womit wir wieder bei der übergeordneten Frage der Einbettung unseres Landes in die fünfte, grosse Globalisierungswelle angelangt sind. Die operativ-taktische Momentaufnahme genügt für die strategische Weichenstellung nicht. Das grosse Bild ist viel entscheidender. Die fünfte Globalisierungswelle wird aller Voraussicht nach beim momentan beobachtbaren Zugewinn an Macht bei den politischen Institutionen nicht sein Bewenden haben. Vielmehr ist eine deutliche Gewichtsverschiebung weg von den westlichen Industrienationen (inklusive den USA) in Richtung Asien und Lateinamerika wahrscheinlich. G20, beherrscht von den mit Bedeutungsverlust ringenden westlichen Nationen, gleichzeitig aber das momentane Hauptproblem unseres Landes, wird nur eine Episode gewesen sein. Die Welt von morgen wird eine stark diversifizierte und damit auch differenzierbare sein. Europa wird für unser Land zwar territorial nach wie vor wichtig bleiben. Im internationalen Kontext dürfte der Austausch mit andern Teilen der Welt immer wichtiger werden.

Für unser Land stellen sich somit zwei Herausforderungen:

1 Gibt es – im Sinne des beschriebenen Ziels der «Verzahnung» mit Europa – ein Modell, das ein neuerliches, echtes *give-and-take* nach sich zieht und für längere Zeit sicherstellt?

2 Ist die Schweiz in der Lage und auch willensmässig bereit, sich der Welt weiter zu öffnen? Also rechtlich, politisch, mental globaler zu sein als die europäische Umgebung?

Ein möglicher Lösungsvorschlag zielt in Richtung eines *city-state* innerhalb Europas ab. Das *give-and-take* wäre vorab finanzieller Natur oder – vielleicht etwas salopp – ein «Tribut an das Reich» (die ins Auge gefasste Abgeltungssteuer ist ein erster Schritt in diese Richtung). Das Interesse Europas an einer bestens funktionierenden globalen Plattform wäre darüber hinausgehend vergleichbar mit jenem Chinas an Hongkong und Taiwan. Je mehr ein Gebilde wie die EU aufgrund immenser Herausforderungen zu einer Zwangsgemeinschaft werden muss (der Vergleich mit dem autoritär regierten China ist angesichts der Demokratieferne und der Bürokratisierung nicht ganz zufällig gewählt), umso wichtiger könnte für Europa die Schweiz als globalisierter Hub werden.

Ob unser Land das möchte, steht auf einem andern Blatt. Ohne Debatte über das Für und Wider, die Vorteile und die Nachteile, wird es diesbezüglich aber keine Klärung der Geister geben. Dafür stehen Beiträge wie der voranstehende und Bücher wie das vorliegende.

FAZIT

Niemand vermag vorauszusehen, wie die Welt von morgen aussieht und was die Schweiz genau erwartet. Niemand weiss letztlich mit Gewissheit, ob sich die Trends, die wir in den vorangehenden Kapiteln aufgezeichnet haben, als Linie weiter in die Zukunft gezeichnet werden können. Nimmt man die Vergangenheit als Massstab, müssen wir auch in Zukunft mit unerwarteten Brüchen, Konflikten und gar Katastrophen verschiedener Dimensionen rechnen, aber auch mit überraschenden neuen Entwicklungen, neuen Allianzen und unerwarteten Technologiesprüngen.

Wir können uns ein Best-Case-Szenario vorstellen, mit ausgewogenem Wachstum, einer Reduktion der finanziellen globalen Ungleichgewichte, einer Konsolidierung der verschuldeten Regierungen und ihrer Wohlfahrtssysteme, mit einem weiteren sanften Vormarsch der Schwellen- und Entwicklungsländer, ihrer verstärkten Einbindung in die globale Verantwortung, mit funktionierenden multilateralen Organisationen und technologischen Fortschritten im Energie- und Umweltbereich: mithin eine «sanfte Globalisierung».

Wir können uns ein Worst-Case-Szenario vorstellen, mit tiefem Wachstum aufgrund der doppelten Alterung in Europa, mit politischen Protesten gegen die notwendigen Sparmassnahmen und Rentenreformen in den OECD-Ländern, mit wachsenden globalen Ungleichgewichten, mit einem Aufbäumen der Finanzmärkte gegen verschuldete Regierungen und Volatilitäten unter den Währungen, mit einem neuen Protektionismus sowohl gegenüber Gütern, Dienstleistungen und Investitionen als auch gegenüber zuwandernden Arbeitskräften, mit einem Stocken des multilateralen Systems und einer Abschottung der Regionen, mit Engpässen in der globalen Energieversorgung und zunehmenden politischen Spannungen an verschiedenen Fronten: mithin eine «wilde Globalisierung», und in einem gewissen Sinne auch ein Zusammenbruch der Globalisierung.

Wo immer sich die Wirklichkeit zwischen diesen beiden Szenarien ansiedeln wird, vor dem Hintergrund der zweiten Welle der Globalisierung scheint eine Politik besonders gefährlich zu sein: das Nichtstun. Was die in den vorangegangenen Kapiteln beschriebenen Entwicklungen gemeinsam haben, ist die Asymmetrie zwischen den neuen Realitäten und den alten Strukturen: die neue Machtverteilung und die alte Weltordnung, die demografische Entwicklung und die Versprechen der Wohlfahrtssysteme, die angehäuften Schulden und das Fehlen zukünftigen Wachstums, der zukünftige Energiebedarf und die begrenzten Reserven. So stehen wir unausweichlich vor einem *great adjustment,* einem «grossen Zurechtrücken» von Ansprüchen und vorhandenen Ressourcen, sowohl innerhalb wie auch zwischen Staaten.

Was dieses Bild von früheren Konstellationen unterscheidet, ist erstens die Gleichzeitigkeit von nationalen und internationalen und von demografischen und fiskalischen Ungleichgewichten, und zweitens die ungleich grössere Nomadisierung von Unternehmen, Kapital und Menschen, die künftig viel rascher mit den Füssen abstimmen werden.

Es ist nicht Zweck dieses Buches, die Zukunft zu deuten, aber wir sollten zumindest die Möglichkeit einschliessen, einige Jahrzehnte von Konflikten, von mühsamen, verspäteten und gescheiterten Reformen auf nationaler und internationaler Ebene zu erleben.

ABBILDUNGSVERZEICHNIS

Die Basisdaten für die Grafiken sowie die im Text verwendeten Zahlen wurden folgenden Quellen entnommen:

ICT STARTUP CHINA [S. 39] – OECD (2010d): Factbook 2010. OECD, S. 160.

GLEICHHEIT EGAL [S. 40] – Eigene Grafik, Basis: Maddison, A. (2007) : L'économie chinoise: Une perspective historique. OECD Development Center, S. 197 und IWF, World Economic Outlook Database Oktober 2009.

GLOBALISIERUNG, DIE WIRKSAMERE ARMUTSBEKÄMPFUNG [S. 41] – Eigene Grafik, Basis: Weltbank, World Development Indicators Database 2010.

ALTER NORDEN - JUNGER SÜDEN [S. 51] – National Intelligence Council (2008): Global Trends 2015: A Transformed World. National Intelligence Council, S. 20.

DEMOGRAFISCHE UMVERTEILUNG [S. 52] – Eigene Grafik, Basis: US CENSUS BUREAU International Data Base 2010.

MAKING MONEY, NOT BABIES [S. 54] – Eigene Grafik, Basis: WELTBANK, World Development Indicators Database 2010.

ANGEGRAUTE MEHRHEITEN [S. 55] – OECD (2010d): Factbook 2010. OECD, S. 17.

KNAPPE RENTEN [S. 56] – OECD (2009b): Factbook 2009. OECD, S. 19.

WACHSENDE BEVÖLKERUNG - BOOMENDE STÄDTE [S. 58] – Eigene Grafik, Basis: UN Population Division, Urban Agglomerations 2007.

MIGRANTEN-MIKADO [S. 60] – OECD (2010d): Factbook 2010. OECD, S. 25.

BABYBOOM UND BUST [S. 62] – ZENKER, C. und GENTINETTA, K. (2009): Die AHV: Eine Vorsorge mit Alterungsblindheit. Avenir Suisse und Verlag Neue Zürcher Zeitung, S. 132, aktualisiert mit OECD-Daten.

HUNDERT JAHRE UND NOCH MEHR [S. 63] – Eigene Grafik, Basis: BfS (2010): Interaktive Statistikdatenbank STAT-TAB.

NEUE HEIMAT [S. 64] – OECD (2010e): International Migration Outlook 2010. OECD, S. 245.

EIN GESUCHTER ZUSAMMENHANG [S. 71] – Eigene Grafik, Basis: OECD Statistical Database 2010.

INDUSTRIELLE DEVOLUTION [S. 72] – OECD (2007e): Staying Competitive in the Global Economy: Moving up the Value Chain. OECD, S. 92.

HOCHLOHNLAND CHINA [S. 73] – OECD (2007b): Employment Outlook 2007. OECD, S. 36.

WER HAT, DEM WIRD GEGEBEN [S. 75] – Eigene Grafik, Basis: OECD (2010c): Employment Outlook 2010. OECD, S. 295.

ZUWANDERER GESUCHT [S. 77] – OECD (2009c): International Migration Outlook 2009. OECD, S. 87.

ARBEITER ALLER LÄNDER [S. 78] – Eigene Grafik, Basis: US CENSUS BUREAU International Data Base 2010.

ARBEITERPARADIES SCHWEIZ [S. 80] – OECD Labour and Employment Ministerial Meeting. Background Document Theme 3. «Helping Youth to Get a Firm Foothold in the Labour Market», S. 8.

LONELY AT THE TOP [S. 81] – PETERS, R. (2010): Répartition des revenus en Suisse: faits et tendances. Eidgenössische Steuerverwaltung, S. 9.

VERSTÄRKUNG AUS DEM AUSLAND [S. 82] – OECD (2010), Berechnungen des OECD-Sekretariats, Basis: European Labour Force Survey (europäische OECD Länder); Current Population Survey March Supplement (USA); Survey of Income and Labour Dynamics (Kanada).

MAASTRICHT NO MÁS [S. 89] – Eigene Grafik, Basis: IWF, World Economic Outlook Database April 2010 und IWF

ABKÜRZUNGSVERZEICHNIS

BIP	Bruttoinlandprodukt
BIZ	Bank für Internationalen Zahlungsausgleich
BRIC	Brasilien, Russland, Indien, China
EFTA	European Free Trade Association
EU	Europäische Union
EWR	Europäischer Wirtschaftsraum
FSB	Financial Stability Board
G7/G8	Gruppe der Sieben/der Acht
G20	Gruppe der Zwanzig
GATT	General Agreement on Tariffs and Trade
IEA	International Energy Agency
ILO	International Labor Organization
IPCC	Intergovernmental Panel on Climate Change
ISO	International Standards Organisation
IWF	Internationaler Währungsfonds
KKP	Kaufkraftparität *(purchasing power parity)*
KMU	Kleine und mittlere Unternehmen
OECD	Organisation for Economic Cooperation and Development
SNB	Schweizerische Nationalbank
UN	United Nations
USD	US-Dollar
WTO	World Trade Organization

ISO-Codes für die Länderbezeichnung (Grafik S. 71):

AUS	Australien
AUT	Österreich
BEL	Belgien
CAN	Kanada
CHE	Schweiz
DEU	Deutschland
DNK	Dänemark
ESP	Spanien
FIN	Finnland
FRA	Frankreich
GRC	Griechenland
HUN	Ungarn
IRL	Irland
ISL	Island
JPN	Japan
KOR	Korea
MEX	Mexiko
NLD	Niederlande
NOR	Norwegen
NZL	Neuseeland
POL	Poland
PRT	Portugal
SVK	Slowakei
SWE	Schweden
TUR	Türkei
USA	Vereinigte Staaten von Amerika

BIBLIOGRAFIE

A.T. KEARNEY (2008): The Rise of Emerging Markets in Mergers & Acquisitions. A.T. Kearney.

BORNER, S.; BRUNETTI A.; STRAUBHAAR, Th. (1990): Schweiz AG: Vom Sonderfall zum Sanierungsfall? (1994). Verlag Neue Zürcher Zeitung.

BUNDESAMT FÜR STATISTIK (2010). Energiepanorama 2010. www.bfs.admin.ch.

BUNDESAMT FÜR STATISTIK (2010): Indikatoren der Fruchtbarkeit in der Schweiz 1950-2050. www.bfs.admin.ch.

BUNDESAMT FÜR STATISTIK (2010): Interaktive Statistikdatenbank STAT-TAB, www.bfs.admin.ch.

BUNDESAMT FÜR STATISTIK (2010): Statistik zur Wohnbevölkerung nach detaillierter Staatsangehörigkeit 1995-2008. www.bfs.admin.ch.

BUNDESAMT FÜR STATISTIK (2010): Statistisches Jahrbuch der Schweiz 2010. Verlag Neue Zürcher Zeitung.

BUNDESAMT FÜR STATISTIK (2010): Taschenstatistik der Schweiz 2010. BfS.

BUNDESAMT FÜR STATISTIK (2010): «Abnahme der Einwanderung in die Schweiz (2009)», Medienmitteilung, 24.8.2010, www.bfs.admin.ch

BUSINESS WEEK (2010): «Japan Air Said to Consider Dissolving Pension Fund for Retirees». Business Week, 10.1.2010.

CAP GEMINI MERYLL LINCH WEALTH MANAGEMENT (2010): World Wealth Report 2010. Meryll Linch and Cap Gemini.

CECHETTI, S.; MOHANTY, M.S.; ZAMPOLI, F. (2010): The Future of Public Debt: Prospects and Implications. Working Papers No. 300, März 2010, BIZ.

COE, D.T. (2007): Globalization and Labor Markets, Policy Issues Arising from the Emergence of China and India. DELSA Working Paper No. 63, 12.11.2007, OECD.

EFD (2010): Auslegeordnung der Finanzpolitik. 12.3.2010.

EVD/SECO (2005): Schweizerischer Bericht zur Aussenwirtschaftspolitik 2004.

EVD/SECO (2006): The Strategic Focus of Swiss Foreign Policy Economy.

EVD/SECO (2008): Wachstumsbericht 2008.

FINANCIAL TIMES (2010): «Deals & Dealmakers». In: Financial Times, 18.3.2010.

FINLEY, R. und O'ROURKE, K. (2009): Power and Plenty: Trade, War and the World Economy in the Second Millennium. Princeton University Press.

FISCHER, P. (2010): «China verspricht Ende seiner Politik eines festen Wechselkurses». In: Neue Zürcher Zeitung, 21.6.2010.

FRATTINI, F. (2007): «The Future Development of EU Migration Policy». Ansprache in Brüssel, SPEECH/07/471, 3.7.2007.

FUEG, J.-C. (2006): «Energiepolitische Instrumente zur Reduktion der schweizerischen Erdölnachfrage». In: Die Volkswirtschaft, 3/2006, EVD, S. 4-8.

GOLDMAN SACHS (2008): The Expanding Middle: The Exploding World Middle Class and Falling Global Inequity. Economics Paper No. 170, 7.7.2008, Goldman Sachs.

IEA (2008): World Energy Outlook 2008. OECD/IEA.

IEA (2009a): World Energy Outlook 2009. OECD/IEA.

IEA (2009b): IEA Scoreboard 2009. 35 Key Energy Trends over 35 Years. OECD/IEA.

IEA (2010): World Energy Outlook 2010. Noch nicht publiziert. OECD/IEA.

IEA/OPEC/OECD/WELTBANK (2010): Analysis of the Scope of Energy Subsidies and Suggestions for the G20 Initiative. Joint Report Prepared for the G20 Meeting in Toronto 26-27 June 2010.

IWF (2007): World Economic Outlook. Chapter 5: The Globalization of the Labour Force. IWF.

IWF (2009): The State of Public Finances. Outlook and Medium-Term Policies After the 2008 Crisis. IWF.

IWF (2009): World Economic Outlook Database, Oktober 2009. www.imf.org.

IWF (2010): World Economic Outlook Database, April 2010. www.imf.org.

IWF (2010): Fiscal Monitor: Navigating the Fiscal Challenges Ahead. IWF.

JAMES, H. (2009): The Creation and Destruction of Value: The Globalization Cycle. Harvard Univ. Press.

KHARAS, H. (2010): The Emerging Middle Class in Developing Countries. Working Paper No. 285, Januar 2010, OECD Development Center.

KEELEY, B. (2009): International Migration: The Human Face of Globalization. OECD Insights.

LANDES, D. (1998): The Wealth and Poverty of Nations. Why Some Are So Rich and Some Are so Poor. Abacus.

LEVINSON, M. (2006): The Box: How the Shipping Container Made the World Smaller and the World Economy Bigger. Princeton University.

MADDISON, A. (2007) : L'économie chinoise: Une perspective historique. OECD Development Center.

McKINSEY GLOBAL INSTITUTE (2008): Mapping Global Capital Markets. Oktober 2008, McKinsey & Company.

McKINSEY GLOBAL INSTITUTE (2009): Global Capital Markets: Entering a New Era. September 2009, McKinsey & Company.

McKINSEY GLOBAL INSTITUTE (2010): Debt and Deleveraging: The Global Credit Bubble and the Economic Consequences. Januar 2010, McKinsey & Company.

MASSACHUSETTS INSTITUTE OF TECHNOLOGY (2007).The Future of Coal. MIT 2007.

MÜLLER-JENTSCH, D. (Hrsg) (2008): Die Neue Zuwanderung: Die Schweiz zwischen Brain-Gain und Überfremdungsangst, Verlag Neue Zürcher Zeitung.

NATIONAL INTELLIGENCE COUNCIL (2008): Global Trends 2015: A Transformed World. «National Intelligence Council».

NEUE ZÜRCHER ZEITUNG (2010): «Brasilien will ‹Mutterland› Portugal aus dem Sumpf ziehen». In: Neue Zürcher Zeitung, 20.5.2010.

OECD (2006a): Infrastructure to 2030. OECD.

OECD (2006b): The Changing Nature of Manufacturing in OECD countries. STI Working Paper 2006/9. OECD.

OECD (2007a): Economic Outlook No. 81. (Juni 2007), OECD.

OECD (2007b): Employment Outlook 2007. OECD.

OECD (2007c): Innovation: Advancing the Agenda for Growth and Equity, C/MIN(2007)2/ANN2, 11.5.2007, OECD.

OECD (2007d): Making Most of Globalization. C/MIN(2007)1/ANN1. OECD.

OECD (2007e): Staying Competitive in the Global Economy: Moving up the Value Chain. OECD.

OECD (2008a): Private Pensions Outlook 2008. OECD.

OECD (2008b): Staying Competitive in the Global Economy: Compendium of Studies on Global Value Chains. OECD.

OECD (2009a): Economic Surveys: Switzerland 2009. OECD.

OECD (2009b): Factbook 2009. OECD.

OECD (2009c): International Migration Outlook 2009. OECD.

OECD (2009d): «Helping Youth to Get a Firm Foothold in the Labour Market», OECD Labour and Employment Ministerial Meeting. Background Document Theme 3, OECD.

OECD (2010a): Economic Outlook No. 87. Mai 2010. OECD.

OECD (2010b): Economic Surveys: China 2010. OECD.

OECD (2010c): Employment Outlook 2010. OECD.

OECD (2010d): Factbook 2010. OECD.

OECD (2010e): International Migration Outlook 2010. OECD.

OECD (2010f): Statistical Database. www.sourceoecd.org/database/OECDStat.

OECD Development Center (2010): Perspectives on Global Development 2010. Shifting Wealth. OECD.

O'NEILL, J. (2001): Building Better Global Economic BRICs. Global Economics Paper No. 66, 30.11.2001, Goldman Sachs.

PETERS, R. (2010): Répartition des revenus en Suisse: faits et tendances. EFD/EStV.

RENTSCH, H.; FLÜCKIGER, S. und HELD, T. (2004): Die Ökonomik der Reform. Wege zu mehr Wachstum in der Schweiz. Avenir Suisse und Orell Füssli Verlag.

SCHWEIZERISCHER BUNDESRAT (2007): Bericht des Bundesrates in Beantwortung des Postulats Walker (02.3702) und Evaluationsbericht zum Bundesgesetz über Risikokapitalgesellschaften vom 8.6.2007. Die Politik des Bundes zugunsten der kleinen und mittleren Unternehmen (KMU).

SCHWEIZERISCHER BUNDESRAT: Energiestrategie Schweiz 2008 – Bericht zur Energieaussenpolitik der Schweiz – Umfeld. Herausforderungen und Strategie, Schweizerischer Bundesrat. Oktober 2008

STIGLITZ, J. (2002): Globalization and Its Discontents. Penguin Books.

STRAUMANN, T. (2010): «Warum ist die Schweiz ein reiches Land? Eine Antwort aus wirtschaftshistorischer Sicht». In: Die Volkswirtschaft, 1/2-2010, EVD, S. 4–8.

THE ECONOMIST (2008): «Special Report: A Bigger World: A Report on Globalisation». In: The Economist, 20.9.2008.

THE ECONOMIST (2009): «A Slow-Burning Fuse: A Special Report on Ageing Populations». In: The Economist, 27.6.2009.

THE ECONOMIST (2010): «Briefing: Migration in China». In: The Economist, 8.5.2010.

UN Population Division (2007): Urban Agglomerations 2007. www.un.org/esa/population/unpop.htm.

US CENSUS BUREAU (2010): International Data Base. www.census.gov/ipc/www/idb/.

VONTOBEL ASSET MANAGEMENT (2010): Von der Finanzkrise zur Schuldenkrise: Auswirkung auf Wirtschaft und Finanzmärkte. Investors' Insight März 2010, Bank Vontobel.

WALL STREET JOURNAL (1993): Interview with James Carville. Wall Street Journal, 25.2.1993, S. A1.

WEBER, W.; BRUCHEZ, P. A.; COLOMBIER, C. und GERBER, D. (2008): Bericht zu den Langfristperspektiven der öffentlichen Finanzen der Schweiz. EFD/EFV.

WELTBANK (2007): World Development Indicators 2007. Weltbank.

WELTBANK (2010): World Development Indicators Database 2010, http://data.worldbank.org/data-catalog.

WOLF, M. (2004): Why Globalization Works. Yale University Press.

WOLF, M. (2007): «Unfettered Finance is Fast Reshaping the Global Economy». In: The Financial Times, 18.6.2007.

WTO (2009): Statistics Database. http://stat.wto.org.

WTO/OECD/UNCTAD (2010): Report on G20 Trade and Investment Measures. September 2009 to February 2010. WTO/OECD/UNCTAD.

WYSS, S. (2009): Stellenverlust und Lohneinbusse durch die Globalisierung. WWZ Universität Basel.

ZENKER, C. und GENTINETTA, K. (2009): Die AHV: Eine Vorsorge mit Alterungsblindheit. Avenir Suisse und Verlag Neue Zürcher Zeitung.

ZÜRCHER, B. (2010): «Das Wachstum der Schweizer Volkswirtschaft seit 1920». In: Die Volkswirtschaft, 1/2-2010, EVD, S. 9–13.

ZU DIESEM BUCH

Die Idee zum vorliegenden Buch «Globalisierung: Die zweite Welle – was die Schweiz erwartet» kam den beiden Autoren bei ihrer täglichen Arbeit an der schweizerischen Delegation bei der OECD in Paris, im Umgang mit dem unablässigen Datenstrom, den diese Organisation produziert. Es ist letztlich der Versuch einer lesbaren Aufbereitung und Interpretation von Zahlen und Fakten, welche das interessierte Publikum nur allzu selten in verständlicher Form erreicht.

Das Buch hätte nicht die Tiefe und den Umfang erreicht ohne die wertvollen Anregungen, die wir von verschiedener Seite erhalten haben, insbesondere von Regula Blindenbacher, Katja Gentinetta, Markus Gisler, Reto Huber, Barbara Künstle, Thomas Liebig, Medard Meier, Danielle Meuwly, Robert Müller, Bettina Mutter, Marie-Therese Niggli, Hans Rentsch, Johannes Schneider, Richard Schneider, Rudolf Schwab, Lukas Steinmann, Reto Stuber, Andreas Uhlig, Rudolf Walser, Mirko Zambelli und Boris Zürcher. Das Buch wäre in dieser Form gar nicht entstanden ohne die kritische und kreative grafische Vorarbeit von Sonja Märki. Yves Winistoerfers Mitarbeit ging weit über das professionelle Layout, die Grafik und die Produktion hinaus. Dank seinem Engagement, seiner Erfahrung und seinen Ratschlägen zu allen Tages- und Nachtzeiten hat das Buch schliesslich seine endgültige Form erreicht. Ihnen allen und Hans-Peter Thür von NZZ Libro, der uns zu diesem Abenteuer ermutigt hat, gilt unser Dank.

Bibliografische Information der Deutschen Nationalbibliothek

Die Deutsche Nationalbibliothek verzeichnet diese Publikation in der Deutschen Nationalbibliografie; detaillierte bibliografische Daten sind im Internet über http://dnb.d-nb.de abrufbar.

2. Auflage 2011

Gestaltung, Satz: blackbox.ch

Druck, Einband: Kösel GmbH & Co KG, Altusried-Krugzell (D)

ISBN 978-3-03823-699-3

www.nzz-libro.ch

NZZ Libro ist ein Imprint der Neuen Zürcher Zeitung

MIX
Papier aus verantwortungsvollen Quellen
FSC® C013736
FSC
www.fsc.org